Dondelinger
Das Totenbuch des Schreibers Ani

Edmund Dondelinger

Das Totenbuch des Schreibers Ani

mit 32 farbigen Wiedergaben
von Ausschnitten aus dem Papyrus Ani
(London, British Museum 10.470)
im Originalformat
und 39 Schwarzweiß-Abbildungen

AKADEMISCHE DRUCK- u. VERLAGSANSTALT
GRAZ/AUSTRIA

Die diesem Band beigegebenen Farbtafeln sind in Ausschnitten der vollständigen,
originalgetreuen Faksimile-Ausgabe von BM 10.470
des British Museum, London entnommen.
(CODICES SELECTI LXII, GRAZ 1978)
Der Text dieses Bandes entspricht dem Kommentar
zur genannten Faksimile-Ausgabe.
(CODICES SELECTI LXII*, GRAZ 1978)

© Akademische Druck- u. Verlagsanstalt, Graz 1987
Satz, Reproduktion und Druck: Akademische Druck- u. Verlagsanstalt, Graz

Printed in Austria
ISBN 3-201-01385-4
616.87

INHALT

I. Der Tod als Wiedergeburt 7

   Das Totenbuch der alten Ägypter 15
      Vorläufer des Totenbuchs 15
   Systematischer Aufbau des Totenbuchs nach Barguet 25
      Das Jenseitsgericht 29
      Das Totenbuch – Aberwitz oder Gedankentiefe? 33
      Publikationen 35

   Die Seinsbereiche des Totenbuchs 37

II. Der Papyrus Ani – Erläuterung der Vignetten 43
      Tafel 1 44
      Tafel 2 48
      Tafel 3 49
      Tafel 4 52
      Tafel 5 67
      Tafel 6 69
      Zu den Tafeln 7 bis 10 70
      Tafel 7 71
      Tafel 8 73
      Tafel 9 79
      Tafel 10 80
      Zu den Tafeln 11 und 12 81
      Tafel 11 82
      Tafel 12 84
      Tafel 13 85
      Tafel 14 86
      Tafel 15 91
      Tafel 16 92
      Tafel 17 94
      Tafel 18 95
      Tafel 19 96
      Tafel 20 97
      Tafel 21 97
      Tafel 22 98
      Tafel 23 101

Tafel 24	102
Tafel 25	102
Tafel 26	103
Tafel 27	104
Tafel 28	109
Tafel 29	110
Tafel 30	111
Tafel 31 und 32	112
Tafel 32	115
Tafel 33	117
Tafel 34	118
Tafel 35	119
Tafel 36	126
Tafel 37	127
Abkürzungs- und Literaturverzeichnis	134

… ERGEBURT

…llungen ist der Gedanke der Regene-
…geborenwerdens. Diese Erneuerung
…ren Ebene. Auf der gleichen Ebene
…ne und die jährlich neu ergründende
…der im Jenseits zum Gott wird. Als
…hmen will, und partizipiert damit an

…eschehen des täglichen Sonnenlaufs;
…räbern die Darstellungen dieses kos-

…nen Schicksal spürte der ägyptische
…Versinken der Sonne sich ihr mor-
…eigenen Tode die Gewißheit seiner

…ellungen am Bild der Großen Mutter,
…sich zurücknimmt, um daraus neues
…enschen, die ihre Engramme in das
…nis des Gebärens und des Geboren-
…die Große Mutter der Urquell alles
…dergeburt. Sie stellt als Gute Mutter
Lebendiges ins Dasein, nimmt aber auch das aus ihr hervorgekommene Leben zurück und verschlingt es in ihrem Todesaspekt als Schreckliche Mutter. Ein ägyptischer Nachhall dieses unbewußt Erlebten hat sich im Beinamen der Himmelsgöttin Nut erhalten, die bezeichnet wird als die „Sau, die ihre Ferkel frißt" (Grapow in ZÄS 71, 45).

Gute Mutter und Furchtbare Mutter werden vom Bewußtsein als die Gegensätze der Großen Mutter erlebt. „In ihren äußeren Extremen fallen die Gegensätze wieder zusammen oder können wenigstens ineinander übergehen" (Neumann 84). Auf ihrem Höhepunkt schlägt die Lebensangst in Lebenshoffnung um, das Grauen vor Tod und Verwesung in die Gewißheit einer Erneuerung und Wiedergeburt. Die erlösende Vorstellung des Verschlungenwerdens entspringt ihrerseits der Todessehnsucht des damals noch unsicheren Menschen, seinem Verlangen nach Wiederkehr in die mütterliche Geborgenheit des Ursprungsschoßes. Durch Umdeutung ins Positive wird damit auch die Urangst des ägyptischen Menschen vor dem „zweiten Tod" behoben, vor seiner erneuten Vernichtung als Leichnam. Den im Wüstensand Verscharrten fraßen die Schakale, wobei sie das Skelett zerstörten und die Gebeine verstreuten. In Umdeutung dieser Urangst entstand das Bild des hundsköpfigen Totengottes Anubis, der den Toten vor den Schakalen schützte, des „Balsamierers", der den Leichnam betreute, ihn mit schützenden Mumienbinden um-

7

hüllte, um seinen Bestand zu wahren. Die Angst des Ägypters war nicht Todes-, sondern Verwesungsangst (Neumann 162).

Am Archetyp der Großen Mutter orientierten sich auch die Himmelsvorstellungen der alten Ägypter. Der Himmel, den sich der Ägypter weiblich dachte, war die gebärend-verschlingende Muttergottheit. Es war, genauer gesagt, der sternenübersäte Nachthimmel, in dessen geheimnisvoll-wäßrigem Dunkel Sterben und Geborenwerden beschlossen war.

Ursprünglich ist wohl der Himmel als Pantherkatze erschaut worden, deren Fell der Nachthimmel mit seinen Sternen war, die allabendlich die Sonne verschlang, sie durch ihren Leib hindurchgehen ließ und sie als junge Morgensonne wiedergebar. Diese Vorstellung ist durch die ganze Geschichte des ägyptischen Jenseitsdenkens hindurch untergründig lebendig geblieben. So ist die Raubkatzenbahre, auf die der Tote gebettet wird, nichts anderes als der Raubkatzenhimmel, der ihn zu neuem Leben erstehen läßt (Westendorf 54).

Abb. 1: Der Himmel als Raubkatze auf den Stützen stehend, die in einer andern Vorstellung das „Himmelsdach" tragen. (Aus Westendorf, MÄS 10, Abb. 2).

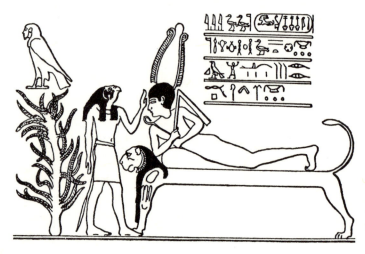

Abb. 2: Osiris auf der Raubkatzenbahre wird von seinem Sohn Horus zu neuem Leben erweckt. Hinter Horus der Isched-Baum, der Himmels- und Lebensbaum, und über diesem die Ba-Seele des Osiris als Falke mit Menschenkopf (aus Budge, Fetish 289).

In einer andern Vorstellung war der Himmel eine Kuh, die den Sonnengott emporgehoben hatte und unter deren Bauch die Sonne tagsüber in ihrer Barke von Ost nach West fuhr. Die Beine der Kuh waren die Himmelsstützen. Dadurch, daß sie sich erhoben hatte, hatte sie den Raum geschaffen, ohne den es kein Leben gäbe. Die Kuh hieß Methyer ⸺ mḥt wrt = „Die Große Flut". In diesem Namen kommt zum Ausdruck, daß der Himmel Bestandteil des Urozeans ist, aus dem die Welt entstand. Es ist daher auch ganz natürlich, daß der Sonnengott in seiner Barke unter dem Bauch der Kuh dahinfahren kann. Des Nachts legt er denselben Weg innerhalb des Bauches der Kuh zurück, nachdem er abends in das Maul der Kuh eingegangen ist. Der Sonnengott blickt nach Westen, dem Ziel seiner Tagesfahrt. Die beiden Barken jedoch zeigen mit dem Bug nach Osten, dem Ziel der Nachtfahrt. Im Totenkult hat die kuhförmig gestaltete Barke dieselbe Funktion wie die vorstehend erwähnte Raubkatzenbahre – vgl. S. 78.

Abb. 3: Die von Schu, dem Gott des Zwischenraums, der „Leere" und des Lichts, sowie von 8 Hilfsgottheiten gestützte Himmelskuh (nach Maspero I 169).

Das Medium, in dem sich die Sonne regeneriert, kann auch eine Frau sein, die Himmelsgöttin Nut.

Nut ist der personifizierte Himmel; die Schreibung ihres Namens mit der Hieroglyphe ⸺ „Himmel" zeigt jedoch, daß es auch eine andere Vorstellung des Himmels gab, den Himmel als Dach, das auf vier Stützen ruhte.

Bereits die hieroglyphische Schreibweise ⸺ „Himmel", ⸺ „Nut" und ⸺ „Nun = Urwasser" macht die Wesensverbundenheit zwischen dem Himmel, der Himmelsgöttin Nut und der Urflut augenfällig. Die Wasserlinien auf dem Kleid der Nut von Dendera sind

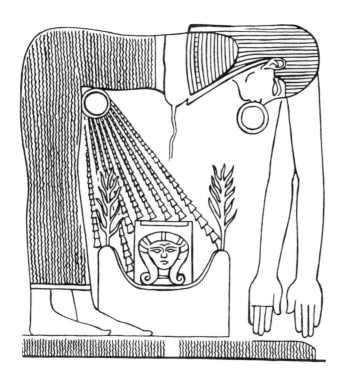

Abb. 4: Die über die Erde gebeugte Himmelsgöttin Nut im Neujahrstempel von Dendera (nach Keel 34). Die Göttin beugt sich über die Erde. Die Standlinie ist von Wasserlinien durchzogen, ebenso wie das Kleid der Göttin. Damit kommt zum Ausdruck, daß auch der Himmel zum Urozean gehört, aus dem sich die Erde erhoben hat. Die Göttin verschluckt die Abendsonne und bringt aus ihrem Schoß die Morgensonne hervor, die mit ihren Strahlen den Tempel von Dendera erleuchtet. Dieser wird dargestellt durch eine Stele der Göttin Hathor, der der Tempel geweiht war. Diese Stele steht auf der Hieroglyphe für „Berg", auf deren beiden Kuppen die Hathor-Sykomoren als Himmelsbäume sich erheben.

Ausdruck dieser tief empfundenen Analogie. Es wird damit gesagt, daß der Himmel nichts anderes ist als der obere Teil des chaotischen Urgewässers, aus dem die Erde entstanden ist.

Als Himmelsgöttin ist Nut die Große Mutter, „die die Götter gebar." Sie ist es, die den Sonnengott Re „täglich gebiert"; ihre Kinder sind auch die Sterne, die an ihrem Leib erglänzen: „Sie gehen ein in (ihren) Mund und kommen wieder hervor aus ihrer Scheide" – vgl. die Formulierungen von Grapow in ZÄS 71, 45 ff. Als „Sau, die ihre Ferkel frißt" erscheint sie in ihrem Todesaspekt als der Nachthimmel, indem sie zwar das Lebendige gebiert, es aber auch wieder in sich hineinnimmt. Das Eingehen in den Mund der Göttin, das Verschlungenwerden von ihr ist die notwendige, aber auch gefährliche Durchgangsphase für die Wiedergeburt.

Damit hängt zusammen, daß im Totenkult der Sarg, die Sargkammer und das Grab mit der Urmutter Nut gleichgesetzt wurden. So heißt es im Pyramidenspruch § 616 d-f: „und du bist übergeben worden deiner Mutter Nut in ihrem Namen ‚Grab', sie hat dich umfangen in ihrem Namen ‚Sarg' und du bist zu ihr gebracht worden in ihrem Namen ‚Grab'" (Pyr. Übers. III 129). Grundsätzlich ist der Leib der Göttin das Medium der Wiedergeburt, doch wird der Sarg in die Erde versenkt. Das Ziel des Toten aber ist der Himmel, wo er zum Stern werden und mit Re in der Sonnenbarke den Himmel durchziehen will. Im Himmel soll ihn empfangen die große Nut, nachdem sie zu seiner Begrüßung ihre Oberarme entblößt hat (Pyr. § 459 c).

Das Verweilen in der Erde wird hier noch als zeitlich begrenzt empfunden, als bloßer Übergang zum Aufstieg in den Himmel. Die Erde, dargestellt durch den männlichen Geb, ist für den Ägypter nicht die „Mutter Erde". In dieser matriarchalisch ausgerichteten Vorstellungsweise kann der Erdgott Geb den Toten nicht mütterlich regenerieren. In der

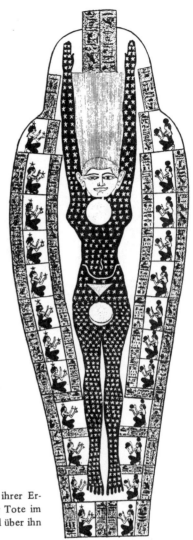

Abb. 5: Nut als Sargdeckel (nach Maspero I 86). Die Himmelsgöttin in ihrer Erscheinungsform als Sarkophag. Wie auf dem Raubkatzenbett soll sich der Tote im Sarkophag regenerieren, indem er eingeht in die Nut, die sich als Sargdeckel über ihn legt.

matriarchalischen Denkweise war einzig und allein die Mutter Lebensspenderin, ohne Mitwirkung eines männlichen Erzeugers. Noch heute wird bei manchen Naturvölkern der physiologische Zusammenhang zwischen Zeugungsakt und Empfängnis sublimiert: das Kind wird erschaffen durch den Geist der Quelle, des Flusses oder des Baumes. Im ägyptischen Bata-Märchen wird ausdrücklich gesagt, daß die Empfängnis durch den Mund erfolgte. Die Königin des Märchens wird dadurch schwanger, daß ihr ein Splitter des heiligen Persea-Baums in den Mund springt.

Gleich zu Beginn ihrer Geschichte aber war die ägyptische Gesellschaft patriarchalisch strukturiert, wenn sich auch viele matriarchalische Relikte erhalten hatten, unter denen die vorgenannten Anschauungen nur ein Beispiel unter andern sind. In der das Matriarchat ablösenden patriarchalen Denkweise ist es nun das männliche Prinzip, das ohne Zuhilfenahme des Weiblichen das Leben erzeugte und erneuerte. Den Übergang von der einen Seinsstufe zu der andern, vom Tod zum Leben, symbolisierte der Skarabäus, der die Mistkugel mit seinen Eiern vor sich herrollt und vergräbt, woraufhin ein neuer Käfer entsteht. In der Mistkugel mit ihrem Bezug auf Fäulnis und Verwesung kommen die urzeitlichen

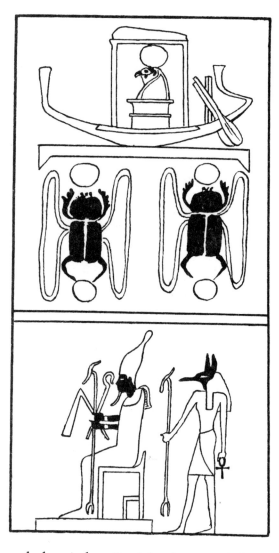

Abb. 6: Zwei Skarabäen mit dem Sonnenball (nach Naville I 133). Aus der Unterwelt, wo der Totenrichter Osiris und der Leichenbestatter Anubis sind, empfängt der rechte Käfer die Sonne mit den Hinterbeinen und reicht sie mit den Vorderbeinen zum Himmel ▭, über den der Sonnengott tagsüber auf seiner Barke von Ost nach West zieht. Der linke Käfer empfängt die Sonnenscheibe am Westhimmel und reicht sie mit den Hinterbeinen in die Unterwelt zurück.

und chaotischen Bereiche des ägyptischen Weltbildes zum Ausdruck, aus denen der Kosmos hervorging und in denen er sich ständig erneuern muß.

Der Skarabäus ist eines der populärsten und gleichzeitig ältesten und tiefsten Symbole des ägyptischen Denkens. Auf Ägyptisch heißt er *Cheper*; das Werden aber ist ebenfalls *cheper,* und so ist der Skarabäus das natürliche Sinnbild des ständig sich neu erzeugenden Lebens.

Die Pluralform von *Cheper* ist *Cheperu*. Die *Cheperu* sind die „Gestalten" der aufeinanderfolgenden Seins- und Erscheinungsarten.

Porphyrius und andere griechische Schriftsteller berichten, daß die Ägypter den Skarabäus für einen männlichen Käfer hielten, der seinen Samen in die Materie eingab, die er zur Kugel formte. Da somit der Samen des Käfers, ohne Mitwirkung eines weiblichen Partners, neues Leben hervorbrachte, war der Skarabäus für den Ägypter das überzeugende Symbol der Urzeugung.

In der Kugel, die der Käfer vor sich herrollte, erblickte der Ägypter die aufgehende Sonne. Der Skarabäus war somit bereits in ältester Zeit eine Manifestation des Welter-

Abb. 7: Der Sonnengott als Schöpfer des Lebens (nach Lanzone, Taf. CCCXXIX, 3). Sein Kopf ist der Skarabäus, seine Knie werden durch den mumifizierten Falken gebildet — eine andere Erscheinungsform des Himmelsherrn. Der Falkenkopf kommt (bereits) aus der Mumienhülle hervor, ist also wieder lebendig, wie das Lebenszeichen „Anch" ♀ über dem Falkenkopf es andeutet.

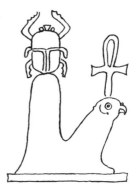

schaffers, der seinerseits „aus sich selbst hervorgegangen war". Als solcher galt er als der „Vater der Götter". Dem Verstorbenen wurde der Sonnenkäfer als Auferstehungshilfe aufs Herz gelegt.

Seinen vollkommenen Ausdruck aber fand das ägyptische „Stirb und Werde" in der Gestalt des Osiris, des göttlichen Königs, der getötet und wieder zum Leben erweckt wurde und einen Sohn zeugen konnte. Im Zusammenhang ist die Osiris-Sage von Plutarch überliefert worden, doch gibt es auch andere Quellen, die das Motiv ergänzen und variieren. So soll nach einer andern Version Osiris nicht getötet worden, sondern im Nil, in „seinem Wasser", ertrunken sein. Es soll nun versucht werden, den Osiris-Mythos im großen ganzen zu rekonstruieren.

Osiris war König von Ägypten gewesen, dem er die Segnungen der Kultur gebracht hatte. Sein Bruder Seth aber neidete ihm sein Herrscherglück und stiftete mit 72 Gleichgesinnten eine Verschwörung gegen ihn an. Osiris wurde getötet und sein Sarg in den Nil geworfen. Dieser führte ihn an seine Mündung am Meer, von wo aus er nach Byblos (nördlich von Beirut) gelangte und an einer Zeder abgesetzt wurde. Die Zeder schoß mächtig in die Höhe, wuchs um den Sarg und schloß ihn vollständig ein. Als der König von Byblos die über Nacht gewachsene Zeder erblickte, ließ er sie fällen und stellte sie in seinem Palast auf. Isis aber, die Schwestergattin des Osiris, eilte nach Byblos und erwirkte vom König die Zeder mit dem Sarg, den sie nach Ägypten verbrachte und in den Sümpfen des Deltas versteckte. Als jedoch Seth des Nachts im Mondschein jagte, fand er den Sarg, riß den Leichnam heraus und zerstückelte ihn in 14 Teile, die er über ganz Ägypten verstreute.

Isis aber sammelte die Einzelteile und setzte den Körper wieder zusammen. Nur den Phallus konnte sie nicht finden, weil Fische ihn gefressen hatten. So fertigte sie eine Nachbildung an und empfing vom wiederbelebten Osiris ihren Sohn Horus. Als dieser herangewachsen war, stellte er den Seth zum Kampf. Bei diesem Streit verletzte Seth das Auge des Horus und dieser riß dem Seth die Hoden ab. Der heilmittelkundige Thot aber heilte die Wunden der beiden Widersacher. Nachdem im Zweikampf keine Entscheidung herbeizuführen war, sollte ein Göttergericht entscheiden. Seth beschuldigte den Horus der unehelichen Geburt, doch Thot half ihm bei dem Nachweis, daß er der Sohn des Osiris sei und damit Anspruch auf den Thron habe. Das Göttergericht entschied dahingehend, daß Osiris König des Totenreichs und daß Ägypten unter die beiden Kontrahenten aufgeteilt werde, wobei Oberägypten dem Seth und Unterägypten dem Horus zugesprochen wurde. Später wurde dieser Entscheid widerrufen und Horus wurde Herrscher über ganz Ägypten, während Seth sich mit der Wüste begnügen mußte.

Psychologisch und propagandistisch hatte die Osirisreligion eine ungeahnte Breiten- und Tiefenwirkung. Ganz Ägypten nahm Anteil an dem hilflosen Kind, das im Papyrusdickicht der Sümpfe vor dem ihm nachstellenden Feind verborgen werden mußte. Jeder einzelne wünschte, sich nach seinem Ableben mit Osiris zu vereinen, zu einem „Osiris NN" zu werden, um in der Vereinigung mit dem Totenrichter seine Rechtfertigung im Jenseits zu erfahren und vor den grauenvollen Gefahren geschützt zu sein, die in der Unterwelt auf ihn lauerten. Das Werden zu einem Osiris verlieh dem einzelnen das bislang königliche Privileg, in seinem Fortleben zum Gott zu werden, jedes *Cheperu* des Seins anzunehmen und, wie es im Totenbuch heißt, „unter allen Gestalten zu erscheinen, die anzunehmen er sich wünscht".

Theologisch bedeutete der Osirisglaube die Einbeziehung des alten Weltengottes Horus in das neue System. Als von Isis geboren heißt Horus jetzt Harsiese = *Ḥr s3 Jśt* = „Horus, Sohn der Isis", als für Osiris streitend wird er Harendotes genannt, d. h. *Ḥr nḏ jt.f* = „Horus, der Rächer seines Vaters", und als das hilflose Wesen, das in den Sümpfen des Deltas verborgen werden mußte, trägt er den Namen Harpokrates = *Ḥr p3 ḫrd* = „Horus, das Kind". Der alte Welten- und Königsgott wurde zu Haroeris = *Ḥr wr* = „Horus der Alte" oder „Horus der Große". Als solcher war er zum schemenhaften *deus otiosus* geworden, dem keine bestimmte Funktion mehr zugeteilt werden konnte. In der Königsdogmatik war der lebende König immer noch Horus und wurde im Tode zu Osiris, um seinem Nachfolger als dem jungen Horus auf dem Throne Platz zu machen.

Osiris war das Werden, das auf das Vergehen folgte. Er war der lebenspendende Nil, in dessen Wasser er ertrunken war, er war die grünende Vegetation, die nach der sommerlichen Dürre durch die Überschwemmung zu neuem Leben erblühte, er war der Mond, der periodisch abnimmt und sich wieder füllt. Vor allem aber war er die Auferstehung nach dem Tod. So heißt es denn im Pyramidenspruch 219: „So wahr Osiris lebt, lebst auch du, so wahr er nicht stirbt, stirbst auch du nicht, so wahr er nicht vergeht, vergehst auch du nicht" (Übers. Kees 155). Die Weiterexistenz im Jenseits, die Auferstehung war gewährleistet durch die Analogie des menschlichen Schicksals mit dem göttlichen Vorbild.

Das Totenbuch der alten Ägypter

Das sogenannte Totenbuch ist eine Sammlung magischer Sprüche, die seit der 18. Dynastie, also etwa seit der Mitte des 16. Jahrhunderts, dem Toten mit ins Grab gegeben wurde, um ihn vor den Gefahren des Jenseits zu schützen. Es war wichtig für ihn, in jeder Lage den „richtigen Spruch" zu kennen. Bereits im Diesseits verleiht das Wissen um das Wesen der Dinge Macht über sie. Das wurde in besonderem Maße vom frühen Menschen erahnt, der sich in der für ihn neuen Welt erst zurechtfinden mußte. Seiner Natur nach ist das Wissen um die Gesetze der Welt elitär, befand sich also im Besitz der jeweiligen geistigen Elite. Jahrtausende vor jeder schriftlichen Fixierung ist das geheime Wissen von Elite zu Elite tradiert worden; die Menschen, die es besaßen, waren die großen Zauberer.

Alles mußte erlernt werden und alles war erlernbar; dies gilt in besonderem Maße für das alte Ägypten. Wichtig war vor allem die Kenntnis der Namen, denn im Namen ist das Wesen der Dinge beschlossen. Daher finden sich in der ägyptischen Jenseitsliteratur unzählige Stellen, in denen die Kenntnis des Namens verlangt wird; die Namenskenntnis war die Legitimation, gewisse Bezirke betreten zu dürfen, und war anderseits das Mittel, einen dämonischen Feind zu beschwören. Es wird nicht daran gezweifelt, daß bereits in den Bestattungsriten frühester, noch schriftloser Zeiten „Verklärungen" über den Toten rezitiert wurden, die sein Jenseitsdasein gewährleisten sollten. Es dauerte aber sehr lange, bis sich zum gesprochenen Wort auch die Schrift hinzugesellte.

VORLÄUFER DES TOTENBUCHS

Die ältesten ägyptischen Totentexte sind die *Pyramidentexte,* die 1881 entdeckt und vom französischen Ägyptologen Gaston Maspero publiziert wurden. Seit Unas (2310–2290), dem letzten König der 5. Dynastie, wurden sie in der Sargkammer, ihren Vorräumen und dem zu ihr hinführenden Gang angebracht. Es war eine große Scheu zu überwinden, bevor man es wagte, die heiligen Texte in unmittelbarer Nähe der Leiche anzubringen. Zwar war der Leichnam durch die Riten der Balsamierung zum „geschmückten Körper" geworden, doch haftete ihm unterschwellig stets etwas Unreines an, in dessen Bereich es sich zu verbieten schien, heilige Texte zu setzen. Anderseits konnten die Schriftzeichen auch dem Toten gefährlich werden, denn diese Zeichen waren allesamt Bilder von großer magischer Wirksamkeit. Der von ihnen für den Toten ausgehenden Gefahr begegnete man dadurch, daß man die schädlichen unter ihnen verstümmelte: waffentragende Männer oder Arme wurden einfach weggelassen, den Schlangen wurde der Kopf „abgeschnitten" und ein wenig vom Rumpf entfernt dargestellt, oder es wurde ihnen ein Messer in den Leib gestoßen. So konnten diese Bilder ihren Lautwert beibehalten, waren aber außerstande, die ihnen aufgrund ihrer Bildhaftigkeit innewohnende Schädlichkeit gegen den Toten zu wenden. Nachstehend einige Beispiele aus Lexa III, Taf. 71.

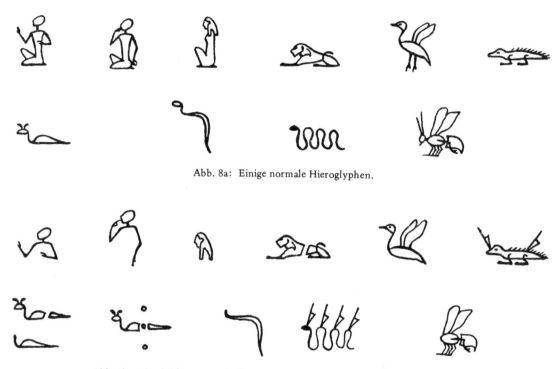

Abb. 8a: Einige normale Hieroglyphen.

Abb. 8b: Die gleichen Hieroglyphen verstümmelt und daher ohne Schadenswirkung.

Die Pyramidentexte stellen kein geschlossenes Ganzes dar. Es handelt sich dabei vielmehr um eine Sammlung von Sprüchen, die teils aus der ägyptischen Vorzeit stammen, teils zur Zeit ihrer Niederschrift entstanden sind.

Sie waren in vertikalen Kolumnen in die Wände eingemeißelt, sollten die Himmelfahrt des Königs unter verschiedenen Formen bewirken und außerdem gewährleisten, daß der König von den Göttern als ihresgleichen empfangen wurde, um seine Herrschaft über das Universum anzutreten. Daneben gab es Hymnen, die die Götter gnädig stimmen sollten, Triumphlieder, die den Sieg des Königs über seine Feinde verherrlichten, Schutzformeln gegen Schlangen und böse Tiere, Sprüche für die kultische Reinigung des toten Königs, Regieanweisungen für sein Totenritual und Aufzählung der Opfer, mit denen er versehen war, um seine Ernährung im Jenseits zu sichern.

Die Aussagen dieser Texte sind einander manchmal diametral entgegengesetzt; so kann der König einerseits als demütig Bittender und sich Rechtfertigender auftreten, anderseits herrisch fordern und den Göttern ihre Vernichtung androhen, wenn sie seinen Herrschaftsanspruch nicht anerkennen sollten. Die vielen rein menschlichen Elemente, die diese Sprüche enthalten, hatten allgemeine Gültigkeit (Ernährung, Schutz gegen böse Tiere und Grabschänder), und so konnten manche von ihnen später ganz zwanglos von nichtköniglichen Personen übernommen werden.

Bevor sie in den Pyramiden eingemeißelt wurden, erfuhren diese Texte eine gründliche

Überarbeitung durch die Priesterschaft von Heliopolis, der Hauptstadt des Sonnenkults. Hieraus erklärt sich ihr weitgehend solarer Charakter, obwohl in einzelnen Sprüchen sich bereits seit Unas (2310–2290) die Osirisreligion ankündigt. Trotz der faßbaren Überarbeitung ist dieses Spruchgut jedoch weit davon entfernt, eine innere Einheit zu bilden: erst recht dann, wenn es sich um längere Texte handelt.

Die erste, heute noch aktuelle Bearbeitung und Kommentierung der Pyramidentexte erfolgte 1910 durch den deutschen Ägyptologen Kurt Sethe (zit. Pyr., bzw. Pyr. Übers.); die neueste Übersetzung wurde 1951 von dem englischen Ägyptologen Raymond Faulkner herausgebracht. Während bei Sethe die Textmasse aus 714 Kapiteln bestand, die sich in 2217 Paragraphen unterteilten, ist die Zahl der Kapitel bei Faulkner auf 759 angewachsen; die Zahl der Paragraphen auf 2291. Einige dieser Pyramidensprüche finden sich im Totenbuch wieder.

Als am Ende des 3. Jahrtausends das Alte Reich zusammenbrach, wurden die königlichen Pyramidentexte jedermann zugänglich, der lesen konnte. So finden sich von der 9. bis zur 17. Dynastie (2134–1550) ganze Spruchgruppen aus den Pyramiden auf den weißgekalkten Innenwänden der Särge vornehmer Privatpersonen. Neu ist bei diesen *Sargtexten*, daß sie für nichtkönigliche Personen geschrieben wurden und daß sie Nachschriften tragen, die in der Folge zu Überschriften werden konnten. Neu in ihnen ist ferner der Osirisglaube, der die alte Sonnenreligion zu überflügeln beginnt. Von den Sargtexten sind ganze Spruchgruppen in das spätere Totenbuch übergegangen und leisten oft wertvolle Hilfe bei dessen Übersetzung.

Die Sargtexte wollten offensichtlich als Einheit verstanden werden, wie sich bereits aus dem Titel ergibt: „Buch für die Rechtfertigung eines Mannes in der Unterwelt." Sie waren jedoch, ebensowenig wie die Pyramidentexte und das spätere Totenbuch, kein geschlossenes Ganzes. Immerhin zeigt sich in ihnen eine gewisse Ordnung darin, daß bestimmte Sprüche an bestimmten Stellen angebracht wurden.

So finden sich auf der Innenseite des Sargdeckels die sogenannten Nut-Sprüche, die zurückgehen auf Pyr. § 778: „Nut, falle über deinen Sohn Osiris NN." Die Himmelsgöttin Nut soll sich auf den Toten legen, der sich mit ihr vereinigen will, um von ihr für das ewige Leben wiedergeboren zu werden. Nut wurde in der Folge dem Sargdeckel gleichgesetzt. Oft stehen auch hier die Sprüche, die in das Kapitel 17 des Totenbuchs eingegangen sind (Grapow, 50). In der Nähe des Kopfes stehen die sogenannten Salbungstexte, an den Beinen die Sprüche, die die Auferstehung des Toten bewirken sollen. Die innere Ostwand ist meist den Gebeten an die Sonne vorbehalten, während die Westseite solche an Osiris enthält.

Publiziert wurden die Sargtexte zwischen 1935 und 1961 vom holländischen Ägyptologen Adriaan de Buck (zit. CT = Coffin Texts). Das siebenbändige Werk umfaßt 1185 Sprüche; de Buck hat allerdings nur die Sprüche in sein Corpus aufgenommen, die sich weder in den Pyramidentexten noch im Totenbuch befinden. Eine französische Übersetzung der Sargtexte hat der belgische Ägyptologe Louis Speleers 1946 herausgegeben. In englischer Sprache gibt es die Übersetzung von Faulkner, von der 1973 der erste Band erschienen ist, der die Sprüche 1–354 umfaßt.

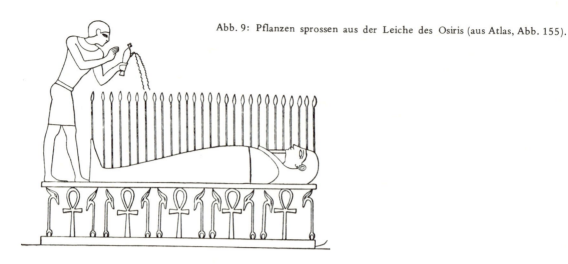

Abb. 9: Pflanzen sprossen aus der Leiche des Osiris (aus Atlas, Abb. 155).

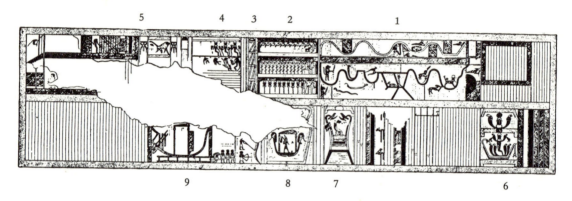

Abb. 10: (nach Kees, Abb. 7) Plan des Zweiwegebuches auf dem Sargboden des Generals Sepi, Kairo 28 083. — Eine mythische Landschaft, umgeben von einem Feuerwall, wird durch einen „Feuersee" in zwei Längsstreifen geteilt, in denen die dämonenbewachten Bezirke des Jenseits gezeigt werden:
1. Ein Feuerstrom trennt zwei Landhälften, durch die jeweils ein gewundener Weg führt, oben eine Wasserstraße, unten ein schwarz gezeichneter Landweg. Den oberen Zugang verschließt eine feurige Tür, den unteren bewacht ein messerbewehrtes Krokodil mit Widderkopf. Der Wasserweg windet sich um zwei geheimnisvolle Stätten. Dann kommt eine Abzweigung, die der Tote meiden muß und die von einer feurigen Schlange bewacht wird. Die letzte Stätte ist das ersehnte Opfergefilde; hier liegt es scheinbar verloren am Wasserweg. Der Landweg führt ebenfalls zu keinem erkennbaren Ziel, wenn nicht der Tote den trennenden Feuerstreifen überwindet und auf dem Wasserweg weiter zum Opfergefilde gelangt. Zwei messerbewehrte Dämonen schützen
2. eine dreiteilige dämonengefüllte Örtlichkeit, bei der jeder Teil vom andern durch einen Feuerwall getrennt ist.
3. Eine von schräg verlaufenden Kanälen durchzogene Landschaft.
4. Zwei Räume mit hockenden menschengestaltigen Wesen, die Skarabäen als Köpfe haben und Schlangen bzw. Echsen in Händen halten.
5. Ein Pavian, ein kopfloser Mensch und zum Schluß ein hockender Falke.
6. Eine geheimnisvolle Barke, in der sich vier Schlangen aufbäumen. Zwischen ihnen hockt ein rätselhaftes Wesen mit Schlangen als Armen und einem Skarabäus als Kopf. Darüber ein von zwei Schlangen flankierter Skarabäus, der die Sonnenscheibe zum Himmel emporhebt.
7. Eine Barke mit hochgezogenen Steven, die in messerbewehrte Vögel enden. Auf einem Sitz, dessen Rückenlehne von einer sich aufbäumenden Schlange gebildet wird, thront eine Göttergestalt mit Frosch- oder Mäusekopf. — So Kees 300. Den oberen Abschluß bildet der Himmel mit der Sonnenscheibe.
8. Die Barke des Osiris, deren Steven in Götterköpfen enden, befindet sich in einer von einem gewundenen Wasserlauf umschlossenen Örtlichkeit. Osiris steht in seinem Schrein, der die Form der oberägyptischen Kapelle hat.
9. Die Barke des Sonnengottes Re mit ihrer Kajüte in Form der oberägyptischen Kapelle. Das Boot steht auf einem Schlitten, der in einen Falkenkopf einmündet und von drei menschengestaltigen Wesen gezogen wird. — Die Dreizahl steht hier für die Vielheit. Vor der Barke bekämpfen zwei menschengestaltige Wesen mit Speer, Pfeil und Bogen die Apophisschlange, den Urfeind des Sonnengottes, der diesem die Nachtfahrt durch die Unterwelt verwehren will.

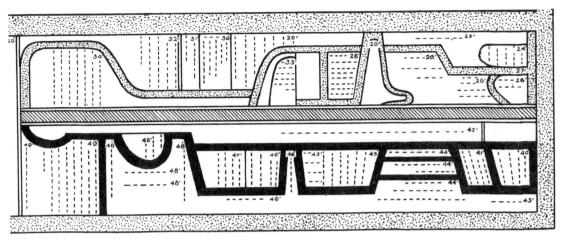

Abb. 11: Die Landkarte der Sargtexte (aus CT VII, Plan 13). Sie gibt den Teil 1 der Abbildung 10 wieder.

Thematisch sind sie weiter gespannt als die Pyramidentexte. Der Tote will nicht nur seine Auferstehung „als Korn" — ein früher Beleg für die Auferstehung des Osiris als Korn —, er will auch im Jenseits vor Hunger und Durst bewahrt werden, will sich mit seiner Familie vereinigen und in der Unterwelt nicht auf dem Kopf gehen müssen. Daneben gibt es Texte, die über die Mythologie der alten Ägypter Aufschluß geben. Dazu gehört vor allem die Erzählung von der Geburt des Horus und seinem Triumph über Seth, sodann die Texte, die über Schu Aufschluß geben, den Gott, der Himmel und Erde trennte und daher der Gott der Luft, der Leere und des Raumes ist. Eine Fülle mythologischer Einzelheiten enthält der Spruch 335, der für das 17. Kapitel des späteren Totenbuchs die Vorlage abgab. In das Totenbuch aufgenommen wurden auch die Anweisungen, die erläutern, inwiefern ein Spruch auch für die Lebenden von Nutzen sein kann; desgleichen einige „Verwandlungskapitel", so etwa der Spruch für die Verwandlung in ein Krokodil.

Vor allem lassen sich die Vignetten, die im späteren Totenbuch eine derart überragende Rolle spielen, auf die Sargtexte zurückführen, von denen einige mit ihnen illustriert sind. Wie das spätere Totenbuch, so waren auch die Sargtexte in Kursivhieroglyphen geschrieben. Wie im Totenbuch, so sind auch in den Sargtexten die Sprüche in der ersten Person abgefaßt. Sie werden also durchweg dem Toten in den Mund gelegt, während die Pyramidentexte überwiegend in der dritten Person gehalten sind.

In El Bersche, im Gau von Hermopolis, wurden auch Särge gefunden, deren Boden mit ganz andern Beschriftungen ausgestattet war. Neben diesen Sprüchen kommen Zeichnungen vor, die bisweilen viel Raum einnehmen. Es handelt sich im wesentlichen um Landkarten des Jenseits: von einem Feuersee oder entlang einem Feuerstrom verlaufen zwei Wege, der eine zu Wasser, der andere zu Land. Von diesen beiden Wegen hat das Spruchgut seinen Namen *Zweiwegebuch*.

Diese Wege muß der Tote begehen, um im Jenseits durch manche Gefahren zum Ort der Seligen zu gelangen. Er muß durch Feuertore hindurchschreiten, muß an schreckenerregenden Wächtern vorbei, die ihm nur gestatten, seinen Weg fortzusetzen, wenn er den richtigen Spruch kennt. Vor allem darf er sich nicht auf die Nebenpfade verirren, die zum

Feuer führen. Doch helfen ihm stets die an der richtigen Stelle der „Landkarte" angebrachten Sprüche.

Als *Ort der Seligen* galt in den Pyramidentexten das Binsen- und das Opfergefilde. Diese Gegenden waren der Herrschaftsbereich des Sonnengottes Re. Im Binsengefilde, dem Earu-Feld, reinigte sich der verstorbene König, um kultisch rein vor den Sonnengott Re und die übrigen Götter zu treten. Beide Gefilde kommen nicht nur im Zweiwegebuch, sondern auch im Totenbuch vor und waren im Osten der Welt lokalisiert, am Ort der aufgehenden Sonne. Die Wege des Zweiwegebuchs aber führen nicht zu diesen Gefilden, sondern zu Ro-Setau, einem Bereich, der dem Osiris zugeordnet ist. In der Pyramidenzeit war Ro-Setau die Stätte des memphitischen Totengottes Sokar; so heißt es in Pyr. § 445a, daß König Unas der „Sokar von Ro-Setau" sei, also der Herrscher im Totenreich. Der Name kann sowohl „Anfang des Ziehens", also des Schlittens, auf dem der Sarg gezogen wird, als auch „Mündung der Gänge" bedeuten und würde der Vorstellung Ausdruck geben, daß die Schächte und Höhlen der Gräber als Eingang zur Unterwelt angesehen wurden. Diese aber war, jedenfalls seit der Pyramidenzeit, im Westen lokalisiert, dessen Herrscher Osiris wurde. Im Zweiwegebuch begehrt also der Tote, die Gefahren der Wege zu bestehen, die zum Königreich nicht des Re, sondern des Osiris führen. Hier wird fühlbar, wie Re durch Osiris verdrängt zu werden beginnt.

Entwicklungsgeschichtlich von Bedeutung ist, daß im Zweiwegebuch die Landkarte immer mehr Raum einnimmt. Man kann sie in Beziehung setzen zu der Vignette des Kapitels 110 im Totenbuch. Dort finden sich ähnliche Wasserläufe, zwischen denen aber die Felder liegen, wo der Tote ackert, sät und erntet. Hier verwischt sich der Unterschied zwischen dem Ro-Setau einerseits und den Binsen- und Opfergefilden anderseits – vgl. Papyrus Ani Tafel 35.

Die *Anfänge des Totenbuchs* reichen hinab bis ins Mittlere Reich (1991–1650). Vor allem das Kapitel 17 hatte damals schon seine wesentliche Ausgestaltung erfahren. In dem in Theben gefundenen, heute aber verschwundenen Sarkophag der Königin Mentuhotep, die wohl der 13. Dynastie angehörte (1785 bis um 1650), ist das Kapitel 64 des Totenbuchs aufgezeichnet und dies gleich in seinen beiden Varianten, der Langfassung und der Kurzfassung. Diese Sprüche sind in den Sargtexten sonst nicht enthalten. Doch erst in der 18. Dynastie (um 1554–1305) bildet sich in Oberägypten das, was jetzt als Totenbuch bezeichnet wird.

Man beginnt jetzt das vordem auf die Innenwände der Särge aufgezeichnete Spruchgut auf Papyrusrollen zu schreiben. Dies mag einerseits daher rühren, daß die jetzt aufkommenden anthropoiden Särge nicht genügend Platz boten, um alle erforderlichen Texte aufzunehmen, die in den Kastensärgen früherer Zeiten noch untergebracht werden konnten. Zum andern wollte man offenbar das dem Toten mitgegebene Spruchgut vermehren. Die Papyrusrollen legte man in den Sarg oder wickelte sie zwischen die Mumienbinden. Manchmal schrieb man sie sogar direkt auf die Binden, in die man die Mumie hüllte. Andere zogen es vor, sie in eine ausgehöhlte Osiris-Statuette zu stecken oder in einen Kasten, der einer Statuette des Sokar als Sockel diente. Statt auf Papyrus schrieb man die Texte in einigen seltenen Fällen auch auf Leder. Manche Ägyptologen nehmen an, daß diese Lederhandschriften den Schreibern als Vorlage dienten, die sie dann auf Papyrus, auf den Sarg, auf die Wände der Grabkammern oder auf sonstige Grabbeigaben übertrugen.

Oft wurden diese Spruchsammlungen auf Bestellung für einen bestimmten Grabherrn geschrieben, und dieser konnte sich die Kapitel auswählen, die er für sein Fortleben für erforderlich hielt. So enthält der Papyrus Nu (British Museum) eine der am sorgfältigsten ausgeführten Handschriften, 137 Kapitel von den damals etwa 150 im Gebrauch stehenden; der Papyrus Juja hat deren nur 40 und derjenige des Cha (Turin) weist lediglich 33 auf. Das längste Totenbuch dürfte der Papyrus Greenfield des British Museum mit 37 m Länge sein. In großer Zahl wurden Totenbücher in den sogenannten „Lebenshäusern", den Schreibstuben der Tempel, auf Vorrat geschrieben und zum Verkauf angeboten. Diese Papyri erkennt man daran, daß gewisse Stellen freigelassen wurden, in die man später den Namen und die Titel des Käufers eintrug. Beim manchen Papyri hat man dies dann vergessen, so daß die Stellen leer blieben; bei andern erkennt man deutlich am Duktus der Handschrift, daß Name und Titel später eingesetzt wurden.

Geschrieben war der Text mit schwarzer Tinte in Kursivhieroglyphen (hieroglyphische Buchschrift) und in senkrechten Kolumnen, die durch schwarze Linien gegeneinander abgegrenzt waren. In einigen seltenen Fällen hat man weiße Tinte verwandt, die sich ebenfalls gut vom gelblichen Papyrus abhob. In der Natur der Sache lag es, daß die Schreibweise in den einen Papyri flüchtiger, in andern sorgfältiger ist. Vor allem in der 19. und in der 20. Dynastie (um 1305–1080) war man um eine besonders gepflegte Schreibung der Hieroglyphen bemüht. Die Verwendung der Hieroglyphenschrift, wenn auch in ihrer Kursivform, sollte die hohe Achtung vor diesen heiligen Texten zum Ausdruck bringen.

In der 21. Dynastie (um 1080–946) hat man begonnen, die Texte in waagerechten Linien hieratisch zu schreiben. Das Hieratische ist eine hieroglyphische Kursivschrift, die gegenüber den „Kursivhieroglyphen", in denen die Sargtexte und das Totenbuch geschrieben wurden, stark verkürzt und abstrahiert ist. Während die Kursivhieroglyphen die Bilder der Hieroglyphenschrift noch recht deutlich wiedergeben, sind sie in der hieratischen Schreibweise kaum noch zu erkennen. Noch stärker verkürzt ist die spätere, demotische, Schreibweise, die in ptolemäischer und römischer Zeit gelegentlich für Totenbücher verwendet wurde. Wenn auch in der fortschreitenden Verflüssigung der Schrift mit ihren Kürzungen und Ligaturen die ursprünglichen Hieroglyphen nicht mehr zu erkennen sind, so war doch dem damaligen Schreiber bewußt, daß er immer noch die alten Hieroglyphen mit raschem Pinsel schrieb – vgl. Abb. 14 S. 35.

Was von besonderer Bedeutung war, wurde rot geschrieben, so etwa Überschriften und Nachschriften. Es sind dies die sogenannten Rubren oder Rubriken. Rot war eine „gefährliche" Farbe, und deshalb wurden auch die Namen der Dämonen mit roter Tinte geschrieben. Kam aber ein göttlicher oder menschlicher Name innerhalb der rot geschriebenen Zeile vor, dann schrieb man diesen wiederum mit schwarzer Tinte.

Eine besondere Bedeutung kommt den *Vignetten* zu, den Zeichnungen, die die einzelnen Texte begleiten und ihre Aussage illustrieren sollen. In der 18. Dynastie (um

1554–1305) sind die Zeichnungen schwarz wie der Text. Die sichere Pinselführung aber läßt manche dieser Vignetten als wahre Meisterwerke der Zeichenkunst erscheinen. Bereits in der 19. Dynastie (1305–1196) geht man dazu über, die Vignetten farbig zu gestalten, wobei das ganze damalige Farbenspektrum zur Anwendung kommt: rot, gelb, grün, weiß, schwarz und violett. Manchmal wird die Farbe durch Goldeinlagen in ihrer Leuchtkraft noch gesteigert. In der 18. Dynastie war der Text das Wesentliche, der durch die Vignetten lediglich veranschaulicht werden sollte; Text und Vignetten waren meist aus einem Guß und stammten von einer Hand. In der 19. Dynastie legte man den größeren Wert auf die Vignetten, die – von spezialisierten Künstlern gestaltet – zunehmend farbenprächtiger wurden und ständig größeren Platz in Anspruch nahmen. So kam des öftern der Text zu kurz, zumal er oft schon nicht mehr verstanden wurde. Er mußte in den übriggelassenen Raum eingezwängt werden, und wenn dieser nicht ausreichte und der Schreiber am Ende seiner letzten Kolumne angelangt war, ließ er oft unvermittelt den Text mitten im Satz abbrechen.

Nun waren die großen Bilder der Vignetten magisch ebenso wirksam, wenn nicht gar mehr als der mit kleinen Bildern geschriebene hieroglyphische Text. Durch die Vignetten, die zudem das Auge besonders ansprachen, mochte die Sicherung seines Weiterlebens nach dem Tode von dem Grabherrn als ausreichend angesehen werden. Der Text wurde zunehmend als von geringerer Wichtigkeit empfunden. So kommt es bei ständig geringer werdendem Textverständnis der Schreiber dazu, daß der Text sogar oft mit den Vignetten nichts mehr zu tun hat.

Eine bestimmte Reihenfolge der einzelnen Kapitel gab es in den Totenbüchern der 18. bis 20. Dynastie noch nicht. In diesen Spruchgruppen, die man, nicht gerade sehr glücklich, als die *thebanische Redaktion* bezeichnet, handelt es sich um willkürlich zusammengestellte Sprüche, die manchmal in zwei Varianten vorkommen, einer Langfassung und einer Kurzfassung. Manchmal kommt derselbe Spruch in einem Papyrus sogar zweimal vor, was Rückschlüsse auf das immer geringere Verständnis der Schreiber zuläßt, von orthographischen Fehlern ganz abgesehen. Die Reihenfolge der Sprüche war außerdem ohne Belang; es genügte, daß der Tote sie jeweils zur Hand hatte, wenn er sie benötigte.

Eine gewisse Ordnung zeigt sich jedoch darin, daß bestimmte Kapitel fast ständig vorkommen oder sogar an den Anfang gestellt werden, so die Kapitel 1, 17 und 64. Dann gibt es fast regelmäßig die Sprüche vom Herzen (Kap. 26–30) oder eine Auswahl daraus, die Zaubersprüche gegen Schlangen und böse Tiere, die Sprüche für die Verwandlungen in jede Gestalt, die der Tote annehmen will (Kap. 77–88), und diejenigen seiner Rechtfertigung (Kap. 18–20).

In der 26. Dynastie (664–525), der Dynastie der Könige von Sais aus dem Delta, setzte nach dem allgemeinen politischen und kulturellen Niedergang Ägyptens eine große „Renaissance" ein, die auch im Totenbuch ihren Ausdruck fand. Diese Zeit, in der die eigenschöpferische Kraft erloschen war, wandte sich dem ägyptischen Altertum zu, um aus ihm die Impulse zu eigener Gestaltung zu gewinnen. Man ahmte allenthalben das Alte Reich nach, übernahm aus ihm Beamtentitel, die längst vergessen waren, kopierte die alten Statuen und Reliefs, wallfahrte zu den Pyramiden von Gisa und Sakkara und nahm den Totenkult der alten Pharaonen wieder auf. Das antiquarische Interesse jener Zeit führte zu Erscheinungen, wie sie etwa bei uns das 19. Jahrhundert mit seinen „gotischen" Kirchen und „romanischen" Bahnhöfen aufweist.

Für den Totenkult übernahm man ganze Passagen aus den Pyramidentexten, und das Totenbuch erfuhr seine endgültige Ordnung. Von nun an war und blieb die Reihenfolge der einzelnen Kapitel konstant, ab jetzt kann man von einem „Buch" reden. Diese Ordnung und Reihenfolge der einzelnen Kapitel nennt man die *saitische Redaktion*. An diese Reihenfolge hat sich die Ägyptologie gehalten. Wenn in einer Edition des Totenbuchs ein Kapitel aus einem früheren Papyrus herangezogen wird, weil er weniger verderbt ist als andere, dann erhält es in der Publikation nicht die Nummer, die es im Originalpapyrus gehabt haben mag, sondern wird mit der Nummer gebracht, die der *saitischen Redaktion* entspricht.

Dieses mit der endgültigen Numerierung seiner Kapitel kanonisch gewordene Buch hat seit jeher Anspruch auf eine ehrwürdige Herkunft und auf ein ehrwürdiges Alter erhoben. So soll Thot, der Gott der Weisheit, der Heilsgott und Götterschreiber, das Kapitel 30 B selbst verfaßt haben, mit dem der Tote sein Herz anfleht, beim Jenseitsgericht nicht gegen ihn auszusagen. Es wurde mit den Kapiteln 64 und 148 vom Prinzen Djedef-Hor, einem Sohn des Cheops, unter der Regierung des Königs Mykerinos (um 2485–2456) in Hermopolis gefunden. Das Kapitel 64 ist insofern eines der bedeutendsten, als es den Anfang der Verklärungen des Toten bildet. Darüber hinaus behauptet das Kapitel 64 (in saitischer Zeit auch das Kapitel 130) in seiner Nachschrift, daß es bereits aus der Zeit des Königs Den (= Usaphais, um 2870–2820), also aus der ersten Dynastie stamme. Das bedeutsame Kapitel 148 handelt von den Zahlen, die den Kosmos regieren: dem *einen* Stier, den Rudern der *vier* Himmelsgegenden und den *sieben* Kühen, in denen man die *sieben* Schicksals-Hathoren erblicken kann – vgl. Papyrus Ani Tafel 35.

Mögen diese Nachschriften auch im Einzelfall und in Einzelheiten erdichtet sein, so spricht dies dennoch nicht gegen das hohe Alter einzelner Sprüche. Man kann nicht von vornherein sagen, daß ein in den Sargtexten nicht vorkommender Totenbuchspruch jünger sei als diese. Es ist stets davon auszugehen, daß es neben dem schriftlich Fixierten auch noch eine mündliche Überlieferung gegeben hat, die bis in die frühesten Zeiten hinabreichen kann, die ebenso zuverlässig war und sich ebenso zählebig erhielt wie das geschriebene Wort.

Das sich am Ausgang der ägyptischen Kultur in endgültiger Ordnung vorstellende Buch trägt einen Titel, der bereits in der *thebanischen Redaktion* erscheint: „pr.t m hrw" und dessen Übersetzungen in moderne Sprachen sich diametral gegenüberstehen. Die einen übersetzen „Ausgehen bei Tage", die andern "Herauskommen aus dem Tag". Naville (I 23) übersetzt „Ausgang aus dem Tage *(sortir du jour)*" und meint damit das Ende des irdischen Lebens, da „Tag" im Ägyptischen auch „Lebensdauer" bedeuten kann: „Aus dem Tage oder aus seinem Tage herausgehen, das heißt nicht eigentlich das Leben verlassen und die Existenz für immer verlieren. Leben gibt es auch noch jenseits des Grabes; es heißt nur von dieser beschränkten Dauer des irdischen Lebens befreit sein, weder Anfang noch Ende mehr haben, ein Dasein ohne zeitlich und räumlich gesteckte Grenzen führen; daher wird der Ausdruck ‚ausgehen aus dem Tage' so häufig durch die Worte ergänzt: ‚unter allen Formen, welche der Verstorbene will'. Kurz, ein von den Grenzen der Zeit und des Raumes befreites Wesen werden ... Es ist weder Wiedergeburt, noch Wiedererscheinung, noch Auferstehung; und gleichwohl liegt in jedem dieser Wörter etwas Richtiges und mehr als in den buchstäblichen Übersetzungen, welche die einen und die andern vorgeschlagen haben."

Für Barguet (Tb 16) hingegen ist die entgegengesetzte Übersetzung selbstverständlich, nicht „sortir *du* jour", sondern „sortir *au* jour" also „Herauskommen am Tage", „Herauskommen in den Tag". Nur bei Tag wünscht sich der Tote herauszukommen; die Nacht ist ihm unheimlich. Während der Nacht ruht er im Grabe. Nach ägyptischer Vorstellung durchzog die Sonne nachts die Unterwelt von Westen nach Osten und spendete im Vorbeiziehen dem Toten nur für kurze Zeit ein schwaches Licht. Umso größer war daher das Bedürfnis des Toten, am Tage das Grab zu verlassen und unter allen Formen und Gestalten, die er anzunehmen wünschte, im Licht zu leben und der Sonne nahe zu sein. Es handelte sich demnach um eine tägliche Wiedergeburt und Auferstehung des Toten.

Dies ist auch die Übersetzung des Wörterbuchs: „Bei Tage herauskommen (aus dem Totenreich)" und bei Nacht hineingehen (Wb I 520, 12–13). Die Schwierigkeit liegt darin, daß *prj* zwar „Herausgehen" (Wb I 519) zu lesen ist, daß aber die Präposition *m* sowohl heißen kann „in etwas hinein" (Wb II 1, 3) als auch „aus etwas heraus" (Wb II 1,6). Bereits in der Übersetzung des Buchtitels werden die Schwierigkeiten augenfällig, die sich der Übertragung des Textes in andere Sprachen entgegenstellen.

Hinzu kommt, daß das Buch nicht systematisch aufgebaut ist. Jeder Grabherr der „thebanischen" Zeit hatte sein eigenes System und damit seine spezielle Reihenfolge der Kapitel. Es fragt sich, ob ein thematischer Aufbau überhaupt möglich und nötig war, denn das Totenbuch ist in erster Linie eine Sammlung von Zaubersprüchen und gibt nur einen ganz bestimmten Aspekt der ägyptischen Religiosität wieder, der nicht verallgemeinert werden darf.

Inhaltlich befaßt sich nämlich das Totenbuch mit den Seinszuständen des Toten nach seinem Ableben. Bereits das Zweiwegebuch hatte ihm die magischen Sprüche an die Hand gegeben, die es ihm ermöglichen sollten, den unheimlichen Gefahren zu entgehen, die im Jenseits lauern. Im Totenbuch wird dieses Thema ausgebaut und variiert.

In Verbindung mit den Amuletten, die der Mumie beigegeben werden, hat der Tote die magischen Sprüche zur Verfügung, die ihn vor Schlangen, Krokodilen und sonstigen Ungeheuern schützen. Er muß die Dämonen unschädlich machen, die sich ihm entgegenstellen, indem er ihre Namen nennt. Er muß durch Sümpfe hindurch, wo Affen auf ihn lauern, um ihn in einem Netz zu fangen; und er muß Tore durchschreiten, die von furchterregenden Dämonen bewacht werden.

Er identifiziert sich mit den Göttern, hat die Fähigkeit, sich in alle Gestalten zu verwandeln, die er annehmen will, erscheint als Schwalbe, als Falke, als Phoenix und als Krokodil. Er nimmt Platz in der Barke des Re. Gleich zu Beginn wird er als gerechtfertigt angesprochen, als „wahr an Stimme", und doch soll er sich erst im 125. Kapitel vor dem Jenseitsgericht des Osiris rechtfertigen. In unserer abendländischen Logik würden wir die

Gerichtsszene am Anfang oder am Ende des Buches erwarten, da es in unserer Vorstellung vom Gerichtsentscheid abhängt, ob der Tote tatsächlich „wahr an Stimme" ist. Man fragt sich etwas ratlos, wieso der im 125. Kapitel bereits gerechtfertigte Tote dann in den Kapiteln 145–147 noch durch gefährliche Tore schreiten muß und neue Prüfungen bestehen soll, während er im Kapitel 110, also vor dem Jenseitsgericht, bereits in den Gefilden der Seligen weilte.

Nachdem man aber die Dinge so nehmen muß, wie sie sich einem darbieten, hat Barguet versucht, der saitischen Reihenfolge doch einen Sinn abzugewinnen, indem er, ausgehend von den Kapiteln 1, 17, 64 und 130, die Textmasse in vier Abschnitte einteilte – Tb 17 sowie 35–36, 55–56, 97–101, 169–170.

SYSTEMATISCHER AUFBAU DES TOTENBUCHS NACH BARGUET

I. Kapitel 1–16: „Das Herauskommen am Tage." Der Leichenzug bewegt sich zur Nekropole, begleitet von den Gebeten der Priester, die für den Toten eine gnädige Aufnahme im Jenseits erflehen (Kap. 1–3). Das Kapitel 4 wird vom Toten gesprochen, der sich mit Thot identifiziert. Das Kapitel 5 ist unklar und im Kapitel 6 werden die sogenannten Uschebtis beschworen, stellvertretend für den Toten die Dienstleistungen zu erbringen, zu denen er im Jenseits aufgefordert werden mag. Im Kapitel 7 gelangt er an den Wirbeln des „elenden Apophis" vorbei in sein Grab, wobei ihm die Kenntnis der Kapitel 8–9 helfen wird. Die Kapitel 10–11 machen ihm den Weg frei und geben ihm den Sieg über seine Feinde.

Die gefährlichen Tore können nun durchschritten werden (Kap. 12–13), doch hat der Tote noch die Mißgunst eines Gottes zu befürchten, der mit Hilfe eines Opfers beschwichtigt wird (Kap. 14). Den Abschluß dieser ersten Spruchgruppe bilden, im Kapitel 15, das auch gern an den Anfang gestellt wird, Hymnen an die aufgehende und die untergehende Sonne sowie an Osiris. Das 16. Kapitel besteht aus einer Vignette, die die Teilnahme des Toten am täglichen Sonnenlauf darstellt.

II. Kapitel 17–63: „Das Herauskommen am Tage." Die zweite große Spruchgruppe handelt von der Wiedergeburt des Toten bei Tagesanbruch als triumphierende Sonne. Eingeleitet wird dieser Abschnitt von dem mythologisch so aufschlußreichen Kapitel 17, in dem sich der Tote mit dem Schöpfergott Atum identifiziert, als er vor der Welterschaffung noch allein im Urwasser war. Die Kapitel 18–20 handeln vom Aufgang der Sonne, die sich gegen die Mächte der Finsternis durchsetzt. Deswegen sollen sie bei Tagesanbruch rezitiert werden, an dem sich die Wiedergeburt des Verstorbenen vollzieht. Er erfährt jetzt die „Mundöffnung", ist also wieder der Sprache mächtig (Kap. 21–23), wird mit Zauberkräften ausgestattet (Kap. 24), und erhält seinen Namen wieder (Kap. 25), wodurch seine Individualexistenz gewährleistet ist. Auch sein Herz wird ihm wiedergegeben, denn dieses soll im Jenseitsgericht für ihn zeugen (Kap. 26–30).

So ausgestattet, kann er sich der Feinde erwehren, die als böse Tiere erscheinen (Kap. 31–36), wird frei von Versuchungen (Kap. 37–40), ist rein und daher unangreifbar (Kap. 41–42). Unvergänglich lebt er auf immer (Kap. 43–46) und nimmt Platz auf seinem Thron als Herr der Götter (Kap. 47) und Überwinder seiner Feinde (Kap. 48–50). Erhobenen Hauptes schreitet er einher und braucht sich nicht von seinem Kot zu ernähren. Seine Nahrung ist die der Götter, da er selber ein Gott ist (Kap. 51–53). In den letzten Kapiteln erhält er Macht über die Elemente, über Luft (Kap. 54–56), über Wasser (Kap. 56–62) und Feuer (Kap. 63).

III. Kapitel 64–129: „Das Herauskommen am Tage." Der jetzt verklärte Tote kann in allen Formen und Gestalten erscheinen, die er anzunehmen wünscht. Sein Ziel aber ist es, als seliger Toter in der Sonnenbarke des Re Platz zu nehmen. Am Abend kehrt er – d. h. seine vogelgestaltige Seele, sein *Ba* – dann mit der untergehenden Sonne im Westen in das Totenreich des Osiris zu seinem Leichnam zurück.

Die dritte Spruchgruppe handelt also von der Verklärung des Toten nach seiner im vorigen Abschnitt bewirkten Wiederauferstehung. Bis jetzt hatte es sich darum gehandelt, den Toten mit allen notwendigen Mitteln auszustatten, die ihm den Aufstieg zum Sonnengott Re ermöglichen sollten. Jetzt wird das „Herauskommen am Tage" Wirklichkeit.

Das 64. Kapitel leitet diese Entwicklung ein und faßt die „Sprüche für das Herauskommen am Tage" zusammen „in einen einzigen Spruch." Diese Verklärungskapitel gehören zu den schwierigsten des ganzen Buches. Obwohl sich der Tote mit der Sonne identifiziert, behält er doch seine Eigenpersönlichkeit. Dank der ihm durch die Verklärung übertragenen magischen Kräfte vermag er sogar die Grenzen der Zeit zu überwinden. Während er gestern Osiris war, ist er heute Re. So stellt er sich als Gestern und Morgen vor.

Nach einem Gebet, in dem er um seine Entfesselung bittet (Kap. 65–66), öffnet sich ihm das Grab. Er wacht auf (Kap. 67–68) und erhebt sich wie Osiris (Kap. 69–70). Befreit von den Mumienbinden, seinen Fesseln, hat er durch die sieben Zaubersprüche der Himmelsgöttin Methyer, die den Sonnengott Re geboren hatte, seine ursprüngliche Reinheit und Unversehrtheit wiedererlangt (Kap. 71). Er kann als Leuchtender aus der Erde hervorkommen und am östlichen Himmel erscheinen (Kap. 72–75). Er begibt sich dann nach Heliopolis, der heiligen Stadt des Sonnengottes Re (Kap. 75).

Hieran schließen sich die „Verwandlungskapitel" (Kap. 76–88) an, in denen der Tote unter den Gestalten erscheint, die Re in seinem Tageslauf annimmt. Vor allem mußte sichergestellt werden, daß seine Seele und sein Schatten bei ihm blieben und nicht willkürlich umherirrten (Kap. 89–92). Wie der Sonnengott Re zieht der Tote von Osten nach Westen, keinesfalls aber will er nach Osten, wo die Feinde des Re hingemetzelt werden; denn dies würde ja eine kosmische Katastrophe bewirken (Kap. 93). Der Vertreter der kosmischen Ordnung ist Thot, der Mondgott und Herr der Wissenschaft; an seiner Seite will der Tote sein, um sich die magische Wirkung seines Schreibzeugs zu sichern (Kap. 94–97).

Derart mit magischem Rüstzeug versehen, läßt der verklärte Tote sich die Barke des Re kommen und zwingt den widerspenstigen Fährmann, sie ihm zu bringen (Kap. 98–99). Er kennt die Sprüche, die den Widerspenstigen zähmen und nimmt Platz in der Barke, um den Himmel zu durchziehen (Kap. 100–102). Zwischen dem Einstieg des Toten in die Barke des Re und seiner Ankunft im unterirdischen Ro-Setau, also zwischen Aufgang und Untergang der Sonne, gibt es einige Kapitel (103–106), bei denen es Schwierigkeiten bereitet, sie in den Sonnenlauf des Toten einzugliedern. Zunächst darf er „bei Hathor" sein und sich „zwischen die großen Götter setzen" (Kap. 103–104). Da sein Wesen sonnenhaft geworden ist, stehen ihm die Speisen des Re zu, oder genauer, des Ptah in Heliopolis (Kap. 105–106). Nun folgen die Kapitel 107–116 „für das Kennen der Seelen", von denen drei doppelt sind und die andern sich je zu zweit um das Kapitel 110 gruppieren, das den Aufenthalt des Toten im „Gefilde der Seligen" zum Gegenstand hat. Dieses war ursprünglich eine Domäne des Re und im Osten angesiedelt, wurde aber in der Folge zum Herrschaftsbereich des Osiris und verlagerte sich von Osten nach Westen.

Mit dem Kapitel 117 beginnt ein zweiter Unterabschnitt, der mit dem Kapitel 129 endet; der sonnenverklärte Tote begibt sich in die Unterwelt und erscheint vor dem Jenseitsgericht des Osiris. Die beiden ersten Kapitel sind eine Wiederaufnahme der Kapitel 12–13, was verständlich ist, da sich in ihnen die Anfangssituation des Vortages wiederholt. Das „Herauskommen am Tage" ist beendet; es geht jetzt im Kapitel 122 um das „Wiedereintreten nach dem Hinausgehen". Mit dem Kapitel 123 ist der Tote im „Großen Haus". Das ist die Bezeichnung des Atum-Tempels in Heliopolis; hier aber ist wohl die Sargkammer gemeint. Im Kapitel 124 begibt sich der Tote zum Jenseitsgericht des Osiris, das im 125. Kapitel stattfindet. – Die folgenden Kapitel haben zum Gegenstand ein Bittgebet an die Paviane (Kap. 126), die den Feuersee bewachen, sowie die Anbetung der Unterweltsgötter und des Osiris (Kap. 127–128). Das Kapitel 129 entspricht dem Kapitel 100.

IV. Kapitel 130–162: Der vierte und letzte Teil des Totenbuchs trägt nicht die Überschrift „Das Herauskommen am Tage." Er läßt sich in zwei Spruchgruppen unterteilen: die erste handelt von der Barkenfahrt des verklärten, sonnenhaften Toten in der Unterwelt und von seinem Totenkult, besonders anläßlich gewisser Feste. Die zweite befaßt sich mit der Geographie des Totenreichs und mit den unerläßlichen Schutzamuletten.

A: Die Kapitel 130–136 sind wohl nur Varianten eines einzigen Kapitels und kommen bereits im Zweiwegebuch vor. Sie schildern die Fahrt des mit Re sich identifizierenden Toten in der Sonnenbarke. Diese Sprüche sind an besonderen Festtagen zu rezitieren, so am Geburtstag des Osiris (Kap. 130), am ersten Monatstage (Kap. 133), bei Neumond (Kap. 135) und am sechsten Tag des Monats (Kap. 136). Re erscheint hier als Sonne und Mond, stets siegreich über seine Feinde und die Gewalten der Finsternis. Ein leuchtender Flammenkreis umgibt ihn und schützt ihn wie eine Mauer (Kap. 131 und 136 B).

In den Kapiteln 137 A und B erhält der Tote den Schutz der vier Verklärungsfackeln, die von den vier Horussöhnen gehalten und gleichzeitig durch sie dargestellt werden. Sie sollen die Nacht hindurch brennen und die Finsternis mit ihren Gefahren vom Toten und seinem Grab fernhalten. Das von ihnen ausgehende Licht, welches das Licht des Horusauges ist, verstärkt die Wirksamkeit der vier Amulette, die zum Schutz des Grabes in seine vier Wände eingelassen sind. Das Auge des Re-Atum, das sich in einem Auge aus Lapislazuli oder aus rotem Jaspis verkörpert, hat seinen Platz im Gesicht des Gottes eingenommen. Am letzten Tag des zweiten Wintermonats sind ihm Opfer darzubringen (Kap. 140).

B: Bei seiner Einführung in die Jenseitsgeographie beweist der Tote, der sich als Horus, Sohn des Osiris, vorstellt, daß er die Namen aller Götter kennt, insbesondere die Namen seines Vaters Osiris (Kap. 141–142), die Namen der sieben Tore und ihrer Wächter, die zu seinem Herrschaftsbereich führen (Kap. 144), sowie die Namen der 21 Festungen des Osiris-Gebiets im Earu-Felde (Kap. 145–146). Weil er ein sonnenhafter Horus ist, der sich und Re in der Unterwelt ankündigt, muß er mit den Einteilungen und Unterteilungen des Osiris-Gebiets bestens vertraut sein.

Was seine Versorgung mit Nahrung betrifft, so erfolgt sie an den Totenfesten dank seiner Kenntnis des Kapitels 148 mit den sieben Milchkühen. Um diese Jenseitsgeographie abzurunden, werden in den Kapiteln 149–150 die 14 Hügel im Earu-Feld aufgezählt, in denen die Götter ruhen und an denen der Tote vorbei muß.

Verstärkt wird der Schutz des Toten durch die Kapitel 150–152 und die Vignetten, die die Inneneinrichtung seines Grabes zeigen, das von verschiedenen Amuletten beschützt wird. Falls dieser Schutz nicht ausreichen sollte, so kann der Verstorbene durch seine Kenntnis des Kapitels 153 den gefährlichen Netzen entgehen, mit denen die umherirrenden Seelen der Sünder gefangen werden. Vor der Verwesung wird er durch geeignete Sprüche (Kap. 154) und Amulette bewahrt (Kap. 155–162).

Geht man also von dieser Systematik aus, dann vollzieht sich eine Metamorphose des Verstorbenen in vier Phasen:

Phase 1: Um zum Grab und zur Unterwelt zu gelangen, muß der Tote manche Gefahren überwinden, wobei ihn die Kapitel 1–16 mit den erforderlichen magischen Sprüchen versehen.

Phase 2: In der Nacht des Grabes erfolgt durch die Kapitel 17–63 die Wiederbelebung des Toten, der tags darauf als neugeborene Morgensonne wiederaufersteht.

Phase 3: In der Sonnenbarke durchzieht der verklärte Tote den Tageshimmel und geht am Abend wieder in die Unterwelt ein, um sich des Nachts als bereits Verklärter dem Jenseitsgericht des Osiris zu stellen.

Phase 4: Nach seiner Rechtfertigung vor Gericht tritt er seine Herrschaft über das Universum an.

Die systematische Gliederung des Totenbuchs durch Barguet ist ein Meisterwerk kartesianischer Durchdringung einer ungemein spröden und widerspruchsvollen Textmasse. Daß die von ihm aufgezeichneten großen Linien manche Unebenheiten nivellieren mußten, liegt in der Natur der Sache. Bei dem von ihm behandelten Textgut handelt es sich ja nicht um ein Werk, das aus einem Guß entstanden ist, sondern das im Laufe der Jahrtausende aus heterogenen Bestandteilen zusammengesetzt wurde. Wenn also auf einige dieser Unebenheiten hingewiesen wird, so tut dies der gedanklichen Leistung Barguets keinen Abbruch. So soll in der ersten Phase der Tote bestrebt sein, in die Unterwelt zu gelangen (Kap. 1–16). Dabei setzen Kapitel 10 und 13 voraus, daß er zwar hineingeht, aber wieder herauskommt. Doch kommt eine gute Exegese über solche wie auch über andere Unebenheiten hinweg; der Entwurf von Barguet ist bis jetzt der einzige Versuch gewesen, den zahlreichen Sprüchen des Totenbuchs eine systematische Gliederung zu geben.

DAS JENSEITSGERICHT

Die Frage ist, ob eine systematische Textgestaltung überhaupt angestrebt wurde, da das Totenbuch ein Zauberbuch ist. Dies zeigt sich am deutlichsten in der Szene des Jenseitsgerichts, mit der sich manche Ägyptologen auseinandergesetzt haben. Auch Barguet vermerkt, daß es sich nicht um ein gewöhnliches Gericht handeln konnte, da der Tote ja bereits vorher für würdig befunden worden war, in der Barke des Re Platz zu nehmen. Nach ihm muß das Jenseitsgericht bereits auf Erden, vor dem Begräbnis, stattgefunden haben.

Hierzu verweist er auf die Nachschriften zu den Kapiteln 64 und 148, die besagen, daß der Tote durch die Kenntnis dieser Kapitel bereits auf Erden gerechtfertigt war. Die Nachschrift zu Kapitel 64 ist nicht recht überzeugend, doch heißt es in der zu Kapitel 148: „Wer diesen Spruch weiß, dessen Stimme ist gerechtfertigt auf Erden und in der Unterwelt." Wenn aber die bloße Kenntnis eines magischen Spruchs genügte, um die Rechtfertigung herbeizuführen, wozu bedurfte es dann noch eines Jenseitsgerichts? Des weitern verweist Barguet (Tb 100) auf Kapitel 1, in dem es heißt: „Ich bin von hinnen gegangen, ohne daß ein Fehler an mir gefunden wurde; die Waage war leer an verdammenswerten Handlungen meinerseits." Dies aber ist eine unbewiesene Behauptung des Toten. Auch wenn es in manchen Nachschriften heißt, daß der, der den Spruch kennt oder mit ins Grab nimmt, am Tage herauskommen und wieder hineingehen wird unter den Gestalten, die er annehmen mag, dann ist dies wiederum die bloße Verheißung, daß das Kennen des Zauberspruchs die Rechtfertigung bewirke. Mit der Idee eines Gerichts aber, das über Wert oder Unwert des Lebens entscheiden sollte, sind solche Zaubersprüche nicht vereinbar.

Nun findet sich bei Diodorus Siculus (I, 92, 1–6) die berühmte Schilderung des ägyptischen Begräbnisses im ersten vorchristlichen Jahrhundert. Dort heißt es, daß bei der Bekanntgabe des Todes ein aus 42 Richtern bestehendes Kollegium zusammentrat, um Anklagen gegen den Toten entgegenzunehmen. Gab es keine, dann wurde dem Toten der Weg zur Nekropole freigegeben. Erwiesen sie sich als falsch, dann wurde über den Ankläger eine harte Strafe verhängt. Erbrachte aber der Ankläger den ihm obliegenden Beweis, dann wurde dem Toten die rituelle Bestattung versagt, die härteste Strafe, die einen Ägypter treffen konnte. Diesen Bericht zieht Barguet zur Stütze seiner Ansicht heran, daß das Jenseitsgericht bereits auf Erden, vor der Beisetzung, stattgefunden habe; in Wirklichkeit aber gehört das 125. Kapitel mit der bekannten Szene vom Jenseitsgericht, von der „Wägung des Herzens" aus andern Gründen überhaupt nicht in das Totenbuch.

Die Idee eines solchen Gerichts hat es seit frühester Zeit gegeben. Da aber war es der tote König, der als Jenseitsrichter fungierte und um dessen Grabanlage herum die Großen des Reichs ihre Gräber anlegten. Die Welt war noch heil, der einzelne war in die Gemeinschaft eingebunden und hatte dort seinen festen Platz. Das Jenseits war ein Spiegelbild des Diesseits, und im Jenseits sollte der Tote die „Würde" bekleiden, die er im Diesseits innehatte. Von diesem Gericht sollte nur der belangt werden, der diese Würde antastete, indem er beispielsweise das Grab schändete, das den Lebensinhalt des Toten verewigen sollte, die „Summierung aller seiner Lebensresultate" (Spiegel in LÄS II 5). Die Ethik jener Zeit war nichts anderes als das *savoir vivre* des begüterten Mannes. Dies reichte für eine sich genügende Gesellschaft auf einer frühen Bewußtseinsstufe des Menschen. Der damalige Mensch war in Natur und Gesellschaft eingebunden, war „unindividuell". Diese zum ägyptischen Selbstverständnis gehörende Eingebundenheit machte es denkunmöglich, „daß ein erkennendes Ich sich aus seiner Umwelt herauslöste und ihr als Erkanntem gegenübertrat, wie es griechischem Denken entspricht" (Wolf in LÄS I 24).

Die Jenseitsexistenz war gewährleistet durch den Totenkult und die Grabausstattung. Daher heißt es in der verlorengegangenen Lehre des Hardjedef, Sohn des Cheops (um 2545–2520), für die damalige Zeit durchaus zutreffend: „Mache trefflich deinen Sitz im Westen, rüste dein Haus in der Nekropole her" (Brunner, Lit. 13).

Cheops war noch die Verkörperung des Weltengottes Horus, war Gottesinkarnation auf Erden. Bereits unter seinen Nachfolgern aber wird diese Immanenz Gottes in eine immer weitere und schließlich unerreichbare Ferne transzendiert: Der König ist nicht mehr Gott, sondern nur noch Gottessohn, Sohn des Sonnengottes Re. Die Tochter des Re aber war die Ma'at, die mit der Schöpfung gesetzte kosmische und irdische Ordnung. Den Begriff der Ma'at übersetzen wir mit „das Rechte, das Wahre" (Wb II 18, 12) oder aber mit „Recht, Schuldlosigkeit, Gerechtigkeit, richtiges Handeln, Tugend" (Wb II 19, 1–4).

Im Kult bringt der König dem Re die Ma'at dar; von ihr „lebt" der Gott. Das bedeutet: der König war nunmehr Garant der Gerechtigkeit; wenn er nach seinem Tode vor seinen Vater Re trat, mußte er Rechenschaft ablegen über sein Tun auf Erden. Er mußte sich rechtfertigen. Das Jenseits war jetzt nicht mehr ein Spiegelbild des Diesseits. Die auf Erden innegehabte „Würde" war nicht mehr maßgeblich für das Leben im Jenseits. An ihre Stelle trat die Rechtfertigung über das irdische Tun; entscheidend für das Jenseits war die „Rechtschaffenheit" auf Erden. Totenrichter war seit der 5. Dynastie Re und seit der 6. Dynastie in zunehmendem Maße Osiris, der Herr der Unterwelt.

Während die Lehre des Hardjedef die Denkweise des frühen Alten Reichs formuliert hatte, erfolgte jetzt ein Sprung in der Bewußtseinsentwicklung des Menschen. Aus seiner Eingebundenheit in Natur und Gesellschaft hatte sich der einzelne zum bewußten Individuum entwickelt, zur Persönlichkeit, die ihr Tun eigenverantwortlich in die Hand nahm. Dieser Entwicklungssprung vollzog sich zunächst nur innerhalb der geistigen Elite, ergriff aber im Laufe der Zeit stets weiter sich ziehende Kreise. Seinen ersten schriftlichen Ausdruck findet das neue Bewußtsein einer für das Jenseits verbindlichen Ethik ein halbes

Jahrtausend später in der Lehre für den König Merikare um 2040. Dort heißt es in deutlicher Anspielung auf Hardjedef: „Mache trefflich deinen Wohnsitz des Wesens, rüste dein Haus in der Nekropole her *durch Rechtschaffenheit und Erfüllen der göttlichen Ordnung*" (Brunner, Lit. 38).

Dem folgen weitere Sätze wie etwa: „Die Tugend des recht Gesinnten wird (von Gott) lieber angenommen als der Ochse des Unrecht Tuenden" (Erman 118). Oder vorher: „Die Richter, die den Bedrückten richten, du weißt, daß sie nicht milde sind an jenem Tage, wo man den Elenden richtet" ... „Der Mensch bleibt nach dem Sterben übrig und seine Taten werden haufenweise neben ihn gelegt" (Erman 112). Ungeheurer politischer und sozialer Umwälzungen hatte es bedurft, bevor diese Erkenntnisse Allgemeingut werden konnten. Das Alte Reich war zusammengebrochen, die Pyramiden der Könige und die Gräber ihrer Großen waren geplündert, der Totenkult kam zum Erliegen. Nachdem aber der König die Fortdauer im Jenseits nicht mehr gewährleisten konnte, sah sich der Mensch auf sich selbst angewiesen. Jetzt mußte „in Gestalt des durch gerechtes Leben erworbenen Wertes eine neue Basis geschaffen werden, von der aus die Jenseitsstellung auch des gewöhnlichen Menschen bestimmt werden konnte" (Spiegel in LÄS II 17).

Nicht der in der zweiten Hälfte des Alten Reichs aufkommende Osirisglaube war es, der diese Wende herbeigeführt hatte. Im Gegenteil: der Osirisglaube beruhte zunächst auf einer Aneignung der fragwürdig gewordenen königlichen Vorrechte durch den Privaten und mußte daher „von Anfang an seinem Wesen nach im stärksten inneren Gegensatz zu der Idee des Totengerichts stehen" (Spiegel in LÄS II 19–20). Die neue Auffassung des ethischen Jenseitsgerichts war in der Bewußtseinsentwicklung des Menschen begründet. Den rein äußerlichen Anknüpfungspunkt mit der Osirisreligion bot die Tatsache, daß auch Osiris vor dem Gerichtshof des Re als „wahr an Stimme" erkannt worden war.

Der Tote, der nach seinem Verscheiden durch magische Identifikation zu einem „Osiris NN" geworden war, wollte das Schicksal dieses getöteten und wiedererweckten mythischen Königs nachvollziehen. Das Bewußtsein, daß er vor einen Jenseitsrichter treten müsse, um sich zu rechtfertigen, ist stets in ihm gegenwärtig gewesen. Das war die eine, die ethische Seite der ägyptischen Religiosität. Durch die magische Identifizierung mit Osiris aber ist dieses Bewußtsein ins Gegenteil verkehrt worden. Das war die magische Seite, die es mehr oder weniger ausgeprägt in jeder Religion gibt.

Die Idee des Jenseitsgerichts war im ägyptischen Bewußtsein lebendig und fand so Eingang in das Totenbuch. Da aber der Tote vorher bereits durch magische Identifizierung zu einem „Osiris NN" geworden, also „wahr an Stimme" war, war das Jenseitsgericht im Totenbuch zur reinen Formsache geworden. Die Schalen der Waage, auf der das Herz gegen die Feder, das Symbol der Ma'at, gewogen wurde, mußten sich stets im Gleichgewicht befinden im Gegensatz zu unsern Darstellungen des heiligen Michael oder der Justitia mit der Waage, von deren Schalen die eine steigt und die andere fällt. Das Gleichgewicht der beiden Waagschalen im Totenbuch gibt nur die Tatsache wieder, daß der Tote bereits zu einem „Osiris NN" geworden war, und ihre magische Bildwirkung sollte dieses Ergebnis für die Ewigkeit sichern.

Nachdem sich die Wägung des Herzens in ihrem Wesen nicht von den andern Vignetten des Totenbuchs unterscheidet, ist auch die Einordnung des Jenseitsgerichts in die Kapitelfolge ohne Belang. Es genügte, daß der Tote das Kapitel zur Hand hatte. Auch braucht man nicht auf Diodor zurückzugreifen, um zu sagen, daß nach ägyptischer Auffassung das Jenseitsgericht wohl im Augenblick des Hinscheidens stattgefunden hat. Erst recht braucht man nicht die 70 Tage des Mumifizierungsprozesses aufzugreifen, um zu sagen, daß während dieser Zeit der physischen Umformung der Ba des Toten, seine Geistseele, die im Totenbuch geschilderten Seinsstadien durchlaufen habe, die zur Läuterung auf den Jenseitspfaden geführt hätten. Wie Hornung zutreffend bemerkt, ist der Begriff der „Läuterung" in dieser Form unägyptisch (BiOr XXXII, 1975, 143, Anm. 3).

Oberster Richter des Jenseitsgerichts war zunächst der tote König, dessen Gerichtsbarkeit den Fortbestand des Diesseits im Jenseits gewährleistete. Unter der 5. Dynastie (2450–2290), der Sonnendynastie, wurde er Re, der die Ma'at verwirklichte und dem Jenseitsgericht seine ersten ethischen Ansätze gab. Als das Zeitalter der Sonne zu Ende war, schob sich Osiris langsam an die Stelle des Re. Im Totenbuch ist dieser Vorgang abgeschlossen, und so erscheint bei Naville der Sonnengott ein einziges Mal als Jenseitsrichter, und dazu noch in der Mumienform des Osiris.

Abb. 12: Der mumienförmige Sonnengott Re als Herr des Jenseitsgerichts (nach Naville II 196, Kap. 125).

Der „Papyrus Ani bietet eine Verknüpfung der beiden Ideen: Der Tote hat zuerst das Gericht vor Re und seiner Neunheit zu bestehen und wird dann zu Osiris geführt" (Grieshammer in ÄA 20 [1970] 72).

Jenseitsrichter war Re als Garant der ethischen Ordnung. Nachdem der tote König zu Osiris geworden war, konnte letzterer den alten königlichen Anspruch auf das Richteramt im Jenseits an sich ziehen. Der Sonnengott ist aber niemals völlig vom Unterweltsherrscher verdrängt worden, und so sehen wir besonders in später Zeit beide das Richteramt ausüben.

Im Papyrus Ani ist die Richterfunktion auf beide aufgeteilt. In der Tafel 3 besteht das Richterkollegium aus der abgewandelten Neunheit des Re, und Osiris erscheint in der Tafel 4 als Herr der Unterwelt. In der Tafel 32 hingegen ist Osiris der Jenseitsrichter. Nun wird die Herzenswägung, die Gerichtsszene, auch manchmal — vor allem in späten Darstellungen — weggelassen. Entscheidend — und das Ergebnis der Herzenswägung voraussetzend — ist dort das Erscheinen des Toten vor der höchsten Instanz. Dies könnte im Papyrus Ani auf der Tafel 35 ausgedrückt sein. Dort erscheint Ani anbetend vor einer Mischfigur, die in ihrem oberen Körperteil Re als den Herrn der diesseitigen und Osiris als den der jenseitigen Welt zeigt (vgl. auch Abb. 39, S. 80).

Beim Wiegevorgang steht die Waage im Gleichgewicht. Das kann sein, um das Ergebnis magisch vorwegzunehmen oder aber um es für die Ewigkeit zu sichern. „Ein deutliches Ungleichgewicht der Waagschalen findet sich erst in römischer Zeit ... wo die Schale mit dem kugelartigen Gewicht gegenüber der mit dem Toten in die Höhe schnellt. Es gibt jedoch in dieser Zeit auch noch andere Modifikationen ... Eventuelle Abweichungen vom Gleichgewicht in früherer Zeit dürften wohl als ‚Zeichenfehler' ohne weitergehende Auswirkungen aufzufassen sein, da die Rechtfertigung des Toten durch zahlreiche andere Mittel gesichert blieb" (Seeber in MÄS 35 [1976] 77, Anm. 250).

Abb. 13: Die Waage im Ungleichgewicht (nach Seeber a.a.O.).

Es wird manchmal gesagt oder angedeutet, das Totenbuch sei ein *Initiationsbuch* für Eingeweihte gewesen. Hiergegen spricht, daß in den Papyri zwar die Titel des Toten aufgezählt sind, jedoch keinerlei Mysterienbund erwähnt wird, zu dessen Eingeweihten der Verstorbene gehört habe. Auch gibt es sonst keinerlei Hinweis auf Mysterienbünde im alten Ägypten. Nun heißt es in einigen Nachschriften, daß die Kenntnis des Spruchs auch nützlich auf Erden sei. Daraus aber kann nicht auf eine „Initiation" geschlossen werden (Barguet, Tb 24). Allenfalls könnte man die Nachschrift zu Kapitel 148 dahingehend deuten, daß die Kenntnis dieser Sprüche nur Eingeweihten zugänglich sein sollte: „Dieses Buch ist wirklich tiefstes Geheimnis, das die Laien (?) unter den Leuten nicht sehen sollen in Ewigkeit", worauf die saitische Fassung fortfährt: „Es soll nicht irgendwelchen Menschen gesagt und nicht den Leuten wiederholt werden; kein Ohr soll es hören und niemand soll es sehen außer ihm (dem Wissenden) selbst und dem, der ihn lehrte. Vervielfältige (?) nicht die Sprüche außer für dich selbst und deinen Vertrauten" (Übers. Roeder 288). Auch hieraus kann nicht auf Mysterienbünde geschlossen werden. Daß es geheim zu haltendes religiöses Wissen gab, steht außer Frage, doch bezog sich die Einweihung in diese Geheimnisse und deren Geheimhaltung auf die Priester (Barguet, Tb 25, Anm. 47).

DAS TOTENBUCH – ABERWITZ ODER GEDANKENTIEFE?

Mit seinem Hinscheiden hat der Verstorbene die geordnete Welt verlassen und ist in die chaotischen Bereiche eingetreten, aus denen die Welt hervorgekommen ist. Dort erlebt er die Gefahren, aber auch die Möglichkeiten, die diesem Bereich innewohnen. Aus der unendlichen Vielfalt der Potenzen ist bei der Schöpfung eine notwendig begrenzte Auswahl getroffen worden, und diese zufällige Auswahl wurde von ihm im Diesseits als die Welt mit ihrer Gesetzmäßigkeit erlebt. Eine solche Gesetzmäßigkeit gibt es nicht mehr;

vielmehr erlebt der Hingeschiedene die unendliche Vielfalt des Gestaltbaren, die nur das schöpferische Chaos bieten kann. Mit seinem Wissen um die Geheimnisse des Seins und mit seinem magischen Wort kann er einwirken auf den ganzen Kosmos des Sichtbaren und des Unsichtbaren. Er kann – um in der Sprache des Totenbuchs zu bleiben – unter allen Formen erscheinen und alle Gestalten annehmen, die er will.

Alles ist anders, alles ist verkehrt in der andern Welt. Das kommt im Totenbuch schon graphisch darin zum Ausdruck, daß die Schrift gegenläufig zu lesen ist. Der Tote kann von allen sich neu auftuenden Eventualitäten Gebrauch machen, will aber nicht auf die Gesetzmäßigkeit verzichten, die ihm vertraut war. Während er also als Falke, als Phoenix oder als Krokodil den ganzen Metamorphosenzyklus durchläuft, beharrt er darauf, in den Gefilden der Seligen sein vertrautes Diesseits wiederzufinden, in dem er säen und ernten kann wie gewohnt. Er ist Gott geworden, indem er sein neues Dasein nach Belieben gestaltet und verändert.

Alle bisherigen Dimensionen sind aufgehoben. Man weiß im Totenbuch niemals, von wo aus der Tote spricht. Er ist überall und nirgends, gleichzeitig im Himmel und in der Unterwelt. Das Totenbuch ist ein Werk der Schizophrenie – so bewertete es das positivistische 19. Jahrhundert. Aber wenn schon Wahnsinn, dann ungemein schöpferischer Wahnsinn! Das Buch muß irrational sein, weil es schon thematisch von den Regionen des Jenseits handelt, die der Vernunft nicht zugänglich sind. Zudem wurde es im Laufe der Jahrhunderte von Menschen geschrieben, die von der Natur noch nicht so „abstrahiert" waren wie wir und denen man bei aller Skepsis eine größere Natursichtigkeit zuschreiben kann als den Intellektuellen des 19. Jahrhunderts. Sie schöpften ferner aus einer tausendjährigen Überlieferung, in der uraltes Kultursubstrat tradiert wurde, das von der strengen Auslese der Hochreligion zurückgedrängt worden war und nun als Zauberspruch wieder zum Vorschein kam. Man kann die Verfasser des Totenbuchs nicht schlicht als Geisteskranke bezeichnen; vielmehr haben sie mit Begriffen gearbeitet, die zu dem Großartigsten gehörten, das je eine theologische Spekulation hervorgebracht hat.

Gibt es einen tiefsinnigeren Begriff als den des Schöpfergottes Atum? Hergeleitet vom Negativverb *tm* = „nicht sein, vollendet sein" ist er derjenige, „der noch nicht ist und sich bereits selbst vollendet." Ist ein solches Begreifen des Demiurgen Wahnsinn oder Gedankentiefe? Gibt es eine großartigere Vision als die des kreativen Chaos, wie sie die alten Ägypter ersonnen haben? Aus den chaotischen Tiefen des Urgewässers kommt der Nil hervor, der Leben und Fruchtbarkeit spendet. Die „Verkehrtheit" des Jenseits bedeutet auch die Umkehr der Zeitachse. Täglich muß der Sonnengott durch die chaotischen Bereiche hindurch, um sich zu regenerieren. Als „alter Mann" geht er abends in den Westen ein, als „kleines Kind" kommt er verjüngt am Morgen im Osten hervor. Angst und Grauen erfüllen den Toten vor der unendlichen Mannigfaltigkeit der sich ihm bietenden Potentialitäten mit ihren Gefahren. Unbändiger Stolz erfüllt ihn, mit grenzloser Seinskraft diese Möglichkeiten zu verwirklichen. Er ist der Demiurg, er fühlt sich als der Schöpfergott, mit dem er sich identifiziert. Im 19. Jahrhundert wurde der Begriff des Übermenschen geprägt. Der Tote im alten Ägypten war der Übermensch, war, in nicht zu überbietender Steigerung, Prometheus und Faust.

PUBLIKATIONEN

Die erste Veröffentlichung des hieroglyphischen Totenbuch-Textes erfolgte 1842 durch Lepsius nach einem Turiner Papyrus aus ptolemäischer Zeit, also aus einem der drei vorchristlichen Jahrhunderte. Lepsius war es auch, der die Bezeichnung „Totenbuch" in der Ägyptologie durchsetzte, obwohl diese Bezeichnung dem ägyptischen Verständnis wenig entspricht. Der von Lepsius publizierte Papyrus umfaßt 165 Kapitel. Im Jahre 1881 fügte der holländische Ägyptologe Pleyte dieser Textmasse 9 weitere Kapitel hinzu, die jedoch bei der Zählung unberücksichtigt blieben.

Im Jahre 1886 publizierte nämlich der schweizerische Ägyptologe Naville den hieroglyphischen Text des Totenbuchs der 18. bis 20. Dynastie aufgrund von Vorlagen aus verschiedenen Museen. Naville behielt den von Lepsius geprägten Namen „Totenbuch" wie auch dessen Numerierung bei. Durch die Ausgabe von Naville wuchs die Anzahl der

Abb. 14: Vergleichende Übersicht über die Entwicklung der Hieroglyphen von der ältesten Zeit bis zur demotischen Schrift (nach Jensen).

Kapitel von 165 auf 186, wobei zu beachten ist, daß die Kapitel 166–174 von Naville nichts mit den 9 Kapiteln zu tun haben, die von Pleyte publiziert wurden. Naville konnte keinen bestimmten Papyrus als Vorlage für seine Publikation nehmen, denn einen solchen gab es nicht. Vielmehr nahm er aus verschiedenen Vorlagen den jeweils besten Text und ordnete ihn in der durch Lepsius vorgegebenen Reihenfolge ein. Dabei beschränkte er sich auf die Papyri der 18. bis 20. Dynastie, wie dies schon im Titel seiner Publikation zum Ausdruck kommt.

Den Leser dieses Buches werden doch wohl mehr die Übersetzungen interessieren. Davon gibt es in englischer Sprache die von Budge (1899), der den Titel „Totenbuch" zwar beibehält, ihm aber den ägyptischen Titel hinzufügt: „Kapitel des Herauskommens am Tage". Das Anliegen von Budge war, das gesamte Textgut von der 18. Dynastie bis zur Ptolemäerzeit zu publizieren. Dieser Spruchmasse hat er noch einige Texte aus dem Papyrus Nu hinzugefügt, so daß seine Edition 190 Kapitel umfaßt. In englischer Sprache gibt es ferner die Übersetzung von Allen, die 1974 in Chicago erschienen ist.

In französischer Sprache gibt es die hervorragende Übersetzung von Barguet, die 1967 in Paris erschien. Eine Nachdichtung in deutscher Sprache hat Kolpaktchy 1955 unter dem Titel „Ägyptisches Totenbuch" herausgebracht. Auch erschien 1969 in Kairo die Übersetzung von Thausing und Kerszt-Kratschmann, doch umfaßt sie nur 25 Kapitel, beginnend bei Kapitel 43, wobei einige wichtige Kapitel fehlen. Im Jahre 1979 ist bei Artemis-Zürich eine deutsche Übersetzung von Hornung erscheinen. Eine erste Übersicht über die Quellenlage und die bisher publizierten Papyri gibt D. Jankuhn: Bibliographie der hieratischen und hieroglyphischen Papyri. GOF IV/2, 1974, S. 95–96 und Spalte 3 auf jeder Seite.

Die Seinsbereiche des Totenbuchs

Die oftmals dunklen Bilder des Totenbuchs schildern die Auseinandersetzung des Menschen mit den Mächten des Weltalls, mit denen er in seinem neuen Stadium konfrontiert wird. Der Tod war ja kein Ende, sondern der Übergang von einer Seinsform in eine andere. Ein Ende bedeutete erst der so gefürchtete „zweite Tod" im Jenseits, nach dem irdischen Hinscheiden. Mit diesem zweiten Tod hörte der Mensch auf, dem Bereich des Seins anzugehören. Er wurde Nicht-Seiender, ein Nichts.

Der schreckenerregende Begriff des Nicht-Seins war kein Gegenstand besonderer Spekulation. Der Ägypter begnügte sich damit, das Nicht-Sein gedanklich dem Sein in Raum und Zeit vorauszusetzen. Den Begriff einer Antimaterie kannte er nicht. Dabei wurde der Begriff des Nicht-Seins in der täglichen Umgangssprache ständig gebraucht. Es gab sowohl das Negativverb *tm* = „nicht sein" als auch das negative Relativ-Adjektiv *jwtt* = „das was nicht ist". Für das Wort „alles" gebrauchte man die Umschreibung „das was ist und das was nicht ist."

Wie nun das Ur-Sein, die ursprüngliche und elementare Form des Seins aus dem Nicht-Sein hervorgegangen sein mag – diese Frage stellte sich einfach nicht oder wurde zumindest nicht beantwortet. Eine Schöpfung oder eine Entstehung der Welt aus dem Nicht-Sein, also eine *creatio ex nihilo* gab es ebensowenig im alten Ägypten wie später in der Genesis. Das Ur-Sein wird in den Kosmogonien einfach postuliert, begrifflich vorausgesetzt.

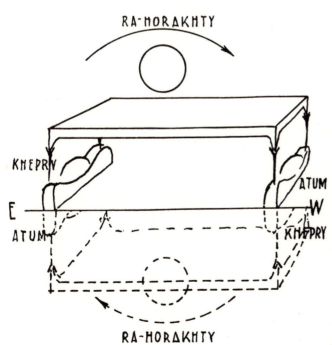

Abb. 15: (nach Badawy in Misc. Wilb. 1, 1972, 16). Der Lauf der Sonne durch die Ober- und die Unterwelt. Im Osten (links) steigt sie zwischen den Kuppen der Hieroglyphe für „Horizont" als Chepri (Khepry) auf, durchquert den Zenit als Re-Harachte (Ra-Horakhty) und geht im Westen (rechts) als Atum zwischen den Horizontkuppen unter. In gleicher Weise durchläuft sie des Nachts den Gegenhimmel (die Unterwelt), sich wiederum von Chepri über Re-Harachte zu Atum verwandelnd. Auf den Horizontkuppen stehen die 4 Stützen, die den Himmel tragen. Diese Skizze hat Badawy erstellt, um die kosmologisch-mythologische Zweckbestimmung eines von ihm bearbeiteten Tempelmodells zu erläutern. Nun aber wissen wir aus andern Quellen, daß der Sonnengott zwar, wie hier, als Atum in den Westen einging, daß er aber in seiner widderköpfigen Nachtgestalt die Unterwelt (den Gegenhimmel) in der Nachtbarke durchzog. In der sechsten Stunde des AMDUAT liegt das „Fleisch" des Chepri mit dem Skarabäus auf dem Haupt in der tiefsten Tiefe der Unterwelt, in der elften Stunde wird die „Geburt des Chepri" vorbereitet und erst nach der zwölften Stunde ist Chepri wiederum die neuerstrahlende Morgensonne.

Da aber der Ägypter dem Ur-Sein gewisse Qualitäten zuschreibt, die in diesem Ursprungszustand noch nicht aktualisiert sind, sondern als träge nebeneinander ruhend gedacht werden, hätte er wohl nicht widersprochen, wenn man das Nicht-Sein als die absolute Qualitätslosigkeit bezeichnet hätte. Damit würde nämlich seiner Auffassung vom Ur-Sein als einer „Existenz ohne Geschehen" (Morenz 175) entsprochen.

Das Ur-Sein ist das undifferenziert Eine, das potentiell alle Vielheiten in sich enthält. Die Vielheit entsteht dadurch, daß sich das ursprünglich Eine in die polar entgegengesetzten Zweiheiten des Aktiven und des Passiven differenziert. Nach ägyptischer Anschauung konnte dies dadurch erfolgen, daß sich das Eine in einem Spontanprozeß in seine Gegensätze aufspaltete oder indem ein der Ur-Materie innewohnender Schöpfergott den Anfang des Werdens bewirkte. Mit diesen Problemen befaßten sich die Theologen des Alten Reichs. Diese Vorstellungen sind auch in das Totenbuch eingegangen, während die Welterschaffung durch den göttlichen Geist und das göttliche Wort darin kaum einen Niederschlag finden.

Der Vollzug des Werdens wurde dadurch gewährleistet, daß sich in periodischer Aufhebung der Differenziertheit das aktive Sein im passiven ständig regenerierte. Diese Gedanken traten seit der ersten Zwischenzeit zunehmend in den Vordergrund. Die vorstehenden Themenkreise wurden nun im Lauf der Entwicklung im einzelnen ausgestaltet: Das Sein ist nicht immer gewesen. Es wurde auch nicht geschaffen, sondern es ist im Schöpfergott entstanden. Vor seiner Entstehung gab es nur das Nicht-Sein. Alles Seiende ist aus ihm hervorgegangen, nur er ist „von selbst entstanden" (Totenbuch, Kapitel 17). Dies entspricht der Theologie von Heliopolis und von Memphis. In Hermopolis hingegen wird das negativ bestimmte Ur-Sein in der trägen Urflut vorausgesetzt.

Der Weltschöpfer ist noch der undifferenziert EINE. Daher ist er auch nicht geschlechtlich bestimmt, sondern vereinigt in sich die Polarität beider Geschlechter. Er ist „Vater der Väter und Mutter der Mütter" – Philae II 29 9. Sein Wirken setzt damit ein, daß er Zweiheiten schafft und sich somit letztlich zu „Millionen" differenziert, als „Der eine Gott, der sich zu Millionen machte" (Sethe, Amun § 200). „Gedacht ist offenbar daran, daß der ursprünglich als eines und einziges Wesen in die Welt getretene Gott Amun zu einer unendlichen Menge von Wesen geworden sei oder, was dasselbe ist, in einer unendlichen Menge von Wesen sich manifestiere" (Sethe a.a.O.).

Für das Neue Reich war Amun der Schöpfergott. Die Aussage der ägyptischen Theologen über sein Wesen ändert sich jedoch auch dann nicht, wenn sie dem Schöpfergott einen anderen Namen geben. Was im Neuen Reich von Amun gesagt wurde, galt ebenso im Alten Reich von Atum und von Ptah. Jeder Gott, gleich welcher Herkunft oder Gestalt, war potentieller Hochgott, ob er nun Falke (Horus) oder Sonne (Re) oder Wind (Amun) war. Ob, wie und wann er zum Einherrn wurde, bestimmte die Politik, denn jeder Gott mußte um seinen Herrschaftsbereich kämpfen.

War aber die Entscheidung gefallen, dann integrierte sich der neue Einherr die unterlegenen Götter oder verband sich mit ihnen, vornehmlich zu „Triaden", oder aber, er nahm sie in sein Gefolge auf. Dies geschah zu allen Zeiten und auf allen Ebenen des politischen Zusammenwachsens.

Vorhandenes wurde nicht ausgemerzt, sondern übernommen und umgedeutet, allenfalls ignoriert. Nur einmal wurde diese Regel verletzt: in der Amarnazeit gab es nur den Aton. Die andern Götter wurden verfolgt, und deswegen ist Amarna auch bloße Episode geblieben. Das, was keine Aufnahme in den jeweiligen Hochkult fand, vegetierte unter der offiziellen Oberfläche im Volksglauben weiter und kam als Magie wieder zum Vorschein, als die Hochreligion ihre Gestaltungskraft verlor. Dies ist für die Bilder des Totenbuchs von Bedeutung, da in ihnen uralte Vorstellungen zum Ausdruck gelangen, für die es im Hochkult keinen Platz mehr gegeben hatte.

Die Verdrängung des Hochgottes, der an Gültigkeit eingebüßt hatte, erfolgte in der Weise, daß der ihn verdrängende Gott von sich behaupten ließ, er sei älter als der Verdrängte, er sei sein Vater —, oder schlicht, indem er sich als den eigentlichen Urgott bezeichnete. Dieser Vorgang löst die Widersprüche auf, die darin bestehen, daß uns im nachhinein verschiedene Götter als Urgott erscheinen und daß des öftern die genealogische Reihenfolge nicht stimmt. Nicht berührt aber wird hiervon die Folgerichtigkeit des ägyptischen Denkens innerhalb des jeweiligen in Raum und Zeit gültigen Systems.

Nun wird im Totenbuch ständig die Kenntnis der im Alten Reich entwickelten Weltschöpfungs- bzw. Weltwerdungslehren vorausgesetzt. Es erscheint daher angebracht, sie nachstehend kurz zu skizzieren. Entsprechend ihrer Aussage und ihrem Entstehungsort gruppieren sie sich um folgende Kultzentren:

Heliopolis: Die Lehre von der Schöpfung als einer Zeugung durch den Ur-Gott.
Hermopolis: Die Lehre von der Entstehung der Welt infolge einer Spaltung der Ur-Materie in ihre negativen Qualitäten.
Memphis: Die Lehre von der Erschaffung der Welt durch den göttlichen Geist und das göttliche Wort, die nur der Vollständigkeit halber hier kurz erwähnt wird.

Heliopolis: Nach der theogonischen Schöpfungslehre von Heliopolis hat der Urgott Atum durch Selbstbesamung die Luft bzw. die „Leere" (Schu) und das „Feuchte" (Tefnut) „geboren". So heißt es im Pyramidentext § 1248: „Atum ist es, der (von selbst) entstand, der mit sich onanierte in Heliopolis, dem sein Phallus in seine eigene Faust gelegt wurde, damit er sich geschlechtlich vergnüge mit ihm, und geboren wurden ihm zwei Kinder verschiedenen Geschlechtes, Schu und Tefnut" (Pyr. Übers. V 147).

Damit ist die Differenzierung des Ur-Seins in eine erste Zweiheit erfolgt. Bei dieser Zweiheit, Schu und Tefnut, handelt es sich noch um die Personifizierung kosmischer Elemente. Mit ihnen aber wurde das erste Paar geschaffen, so daß die weiteren Differenzierungen „normal" durch Paarung vor sich gehen konnten. Vom ersten Paar stammen ab der Erdgott Geb und die Himmelsgöttin Nut. Auch hier sind wir noch im Bereich einer kosmischen Zweiheit. Das zweite Paar erzeugte zwei weitere Götterpaare: Osiris (Fruchtland–Überschwemmung) und Isis (den „Thron") sowie Seth (Wüste, Dürre, Ungewitter) und dessen farblose Schwestergattin Nephthys (die „Herrin des Hauses"). In ihrer Zusammenfassung bilden diese Götter die heliopolitanische Neunheit:

1. Atum

2. Schu 3. Tefnut

4. Geb 5. Nut

6. Osiris 7. Isis

8. Seth 9. Nephthys

Die beiden letzten Paare entstammen zwar noch dem kosmischen Bereich (Himmel–Erde) und sind auch noch teilweise Personifizierungen kosmischer Elemente (Fruchtland–Wüste), leiten aber schon in die Mythologie hinüber. Soll doch Osiris mythischer König von Ägypten gewesen sein, der von seinem Bruder Seth ermordet wurde, damit dieser die Herrschaft gewänne.

Diese Götterneunheit bildet auch den Gerichtshof des Re in der Tafel 3 des Papyrus Ani, nur sind Osiris und Seth ausgeschieden und durch „Horus den Großen Gott" sowie durch das Paar Sia–Erkennen und Hu–Ausspruch ersetzt worden.

Hermopolis. Die Kosmogonie von Hermopolis ist wohl etwas später anzusetzen als diejenige von Heliopolis. Diese Annahme beruht zunächst darauf, daß sie heliopolitanische Begriffe wie „Leere" (Schu), wenn auch unter anderer Namengebung, verwendet. Außerdem ist das Denken von Hermopolis durch eine abstraktere Struktur und eine naturwissenschaftliche Systematik gekennzeichnet, die dem von Heliopolis abgeht. In Hermopolis begegnen wir der ersten Naturmythologie. Das Ur-Sein wird in seinen Qualitäten bestimmt, die negativ sind, deren in Spannung vorhandene Kräfte jedoch durch den Lufthauch wie durch einen Katalysator aktiviert werden und sich damit in der Weltwerdung auswirken.

Hermopolis unterscheidet sich von allen andern Denkrichtungen durch die Idee einer Weltwerdung im Gegensatz zur Weltschöpfung oder Welterschaffung. Die latenten Kräfte, die das Weltwerden bewirken, sind in der heliopolitanischen Achtheit zusammengefaßt, von der die Stadt ihren Namen *Chemnu* „Stadt der Acht" erhalten hat. Es handelt sich um vier Zweiheiten, die sich folgendermaßen gruppieren:

1. Nun Urgewässer 2. Naunet

3. Heh Endlosigkeit 4. Hehut

5. Keku Finsternis 6. Kekujt

7. Gereh Mangel 8. Gerhet

Das letzte Paar kommt selten vor. Dafür findet sich *Niau*, die Leere, und *Niaut* oder auch *Tenemu*, das Verschwinden, und *Tenemujt*. Im thebanischen Einflußbereich stehen an dieser Stelle *Amun*, die Verborgenheit, und *Amaunet*. Eine vollständige Liste der erst in den Sargtexten (CT 76) erfolgten Aufstellung findet sich bei Sethe, Amun, Tafel I. Die weiblichen Mitglieder der Achtheit sind Femininbildungen der männlichen Begriffe und weisen sich bereits damit als rein gedankliche Konstruktionen aus. Möglicherweise steckt in diesen weiblichen Komplementärbegriffen ein Rest heliopolitanischer Zeugungsvorstellungen, bei denen auf den weiblichen Partner nicht verzichtet werden konnte. Das erste Paar der

Achtheit (Nun–Naunet) ist das Ur-Sein in seiner Abgrenzung gegen das Nicht-Sein. Die weibliche Naunet kann auch als der „Gegenhimmel" verstanden werden ⟨hierogl.⟩, von dem noch die Rede sein wird.

Der Nun ist die Urmaterie, der Urstoff, das Urgewässer, der Urozean. Er ist die erste Materialisation des Seins „in der Urzeit entstanden" und „am Anfang geworden". Seine (negative) Qualität ist die Trägheit; die Texte der späteren Zeiten bringen seinen reduplizierten Namen oft mit dem Zeitwort *nnj* (ursprünglich *njnj*) = „müde", „träge sein", untätig dasitzen" ... zusammen (Sethe, Amun § 145). Als Urflut vor der Schöpfung bzw. vor der Weltentstehung ist er der Negativaspekt des Kosmos. „Als kosmischer Begriff gewiß schon lange vor der Ausbildung der Theologie von Hermopolis eine Rolle in der Kosmogonie von Heliopolis spielend, dürfte er der eigentliche Kern gewesen sein, aus dem die Achtheit erwachsen ist mit ihrem Anspruch, Vorgänger und Schöpfer der Sonne und speziell auch des heliopolitanischen Atum zu sein. Mit seinem weiblichen Partner Naunet, dem Himmel unter der Erde, der sich in der Tiefe über ihm wölbte, zusammen begreift er zugleich den Weltenraum, der zu Beginn der Schöpfung bestand" (Sethe, Amun § 145).

Der Nun, der Urozean, ist männlich; aus ihm geht der Kosmos hervor, der oben durch den weiblichen Himmel ⟨hierogl.⟩ begrenzt wird. Weiblich ist auch der Gegenhimmel, die Naunet, in der sich das gealterte Leben regeneriert. Geschrieben wird der Gegenhimmel mit der umgekehrten Himmelshieroglyphe ⟨hierogl.⟩. Himmel und Gegenhimmel grenzen das Sein von Nicht-Sein ab; zwischen diesen beiden Zeichen ist das All beschlossen, sowohl das urzeitliche Chaos als auch der geordnete Kosmos. Versucht man, dieses Weltbild darzustellen, dann ergibt sich die nachstehende Zeichnung.

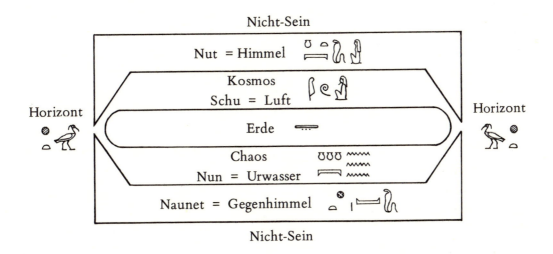

Die Erde *t3* wird hieroglyphisch durch einen flachen Landstreifen mit Sandkörnern ⟨hierogl.⟩ dargestellt; am Horizont berührt sie sich mit dem Himmel und mit dem Gegenhimmel. Wie zu erwarten, wird der Name der Himmelsgöttin Nut mit der Himmelshieroglyphe ⟨hierogl.⟩ determiniert; geschrieben wird er mit dem (Wasser-)Topf *nw* ⟨hierogl.⟩, dem sogenannten Nu-Topf und der weiblichen Endung *t* (⟨hierogl.⟩ – vgl. die obenstehende Zeichnung).

Eine geheime Verbindung tut sich auf zwischen dem wäßrigen Ur-Element und der Himmelsgöttin, bei der die Schreibweise des Namens eine deutliche Beziehung zum (Ur-)Wasser enthält. Mit der dreifachen Wasserlinie 〰〰, der Dreifachsetzung des Nu-Topfes ⛯ und der Himmelshieroglyphe ▭ wird auch Nun, der Urozean, geschrieben.

Der Horizont ist die Nahtstelle zwischen Ober- und Unterwelt, zwischen Kosmos und Chaos, zwischen Sein und Nicht-Sein. Durch diesen gefährlichen Bereich muß die Sonne täglich hindurch, bei ihrem Aufgang und bei ihrem Untergang. Des Nachts durchzieht sie, sich wiederverjüngend, die chaotischen Bereiche des Urwassers oder des Gegenhimmels. Der Tote, der den Kreislauf der Sonne nachvollziehen will, muß ebenfalls im Westen, wo er bestattet wird, durch diese unheimlichen Bezirke hindurch, wo ihm, wie dem Sonnengott, grauenvolle Gefahren drohen. Nun ist die Ma'at das Wesen des Sonnengottes, der von ihr „lebt". Wenn aber sogar der Garant der Wahrheit und Rechtschaffenheit nur mit Mühe und nur mit Hilfe von Zauberkräften sich durch diese nächtlichen Bereiche hindurch seinen Weg bahnen kann, dann versteht man, daß auch der gerechtfertigte Tote sich nicht allein auf seine Rechtfertigung im Jenseitsgericht verlassen konnte. Auch er mußte zum Zauber greifen, den nicht einmal der Sonnengott entbehren konnte. Trotz seiner Rechtfertigung im Gericht müssen ihm noch magische Sprüche mitgegeben werden, damit er die Gefahren des Jenseits bestehe. Daher mußte das Totenbuch, seiner Anlage und Bestimmung nach, eine Sammlung magischer Sprüche sein. Der Zauber war dem Menschen von Gott gegeben worden, um ihn vor den Gefahren seines Daseins zu schützen, also als Instrument zur Beherrschung der Naturkräfte. „Zauber, Magie" heißt „Heka" ḥkꜣ 𓎛𓂓 und wesentlicher Bestandteil dieses Wortes ist der Ka 𓂓, die Lebenskraft.

Hauptanliegen des Toten war das magische Werden zu einem „Osiris NN", also das Einswerden mit Osiris unter Beibehaltung seiner Eigenpersönlichkeit. Osiris war der getötete und wieder zum Leben erweckte Gottkönig, der aber nicht wieder auf Erden den Thron besteigen konnte, sondern Herrscher der Unterwelt wurde. Sein Schicksal sprach den Menschen an. „Durch Identifikation mit dem Gott vermochte jeder Verstorbene sein Schicksal mit dem des Osiris zu verbinden und sich auf magischem Wege dessen Rechtfertigung anzueignen, um dadurch jeglicher Verantwortung im Jenseits entbunden zu sein" (Seeber in MÄS 35 [1976] 123). Im Hinblick darauf, daß sogar der Sonnengott magischer Hilfen in der Unterwelt bedurfte, könnte man die Identifizierung mit Osiris vielleicht so verstehen, daß der Tote seine Geborgenheit in dem Gott magisch herbeiführen wollte, um in seinem Fortleben den Gefahren zu entgehen, die auch den Gerechtfertigten in der Unterwelt umlauern.

II. DER PAPYRUS ANI
Erläuterung der Vignetten

Der in Theben gefundene Papyrus Ani stammt wohl aus der frühen 19. Dynastie, wurde also etwa um 1300 geschrieben. Im Jahre 1888 erwarb ihn das British Museum, wo er die Nummer 10.470 trägt; bereits 1895 wurde er in einer heute vergriffenen Faksimile-Ausgabe herausgebracht. Er ist etwa 23,6 m lang und 39 cm breit. Aus drei übereinandergelegten Lagen von Papyrusblättern angefertigt, die mit großer Genauigkeit aneinandergeklebt sind, besteht er aus 6 Abschnitten, deren Länge zwischen 1,50 m und 8 m beträgt.

Die Vignetten sind sorgfältig und farbig ausgeführt; oben und unten wird der Papyrus durch eine durchgehende rot-gelbe Linie begrenzt. Der Hieroglyphentext läßt drei verschiedene Handschriften erkennen; die Vignetten sind durchweg von einem einzigen Maler gestaltet worden. Offensichtlich war zunächst nicht der ganze Papyrus für Ani bestimmt; denn an verschiedenen Stellen ist sein Name in fremder Handschrift eingesetzt worden, wobei dem Schreiber sogar Flüchtigkeitsfehler unterliefen. Der Schreiber Ani war ein hoher Beamter der Tempelverwaltung. Seine volle Titulatur lautete:

njśwt	sš	m3ʿ	sš	ḥsb	ḥtp-nṯr	n	nṯrw nbw	jmj-r3
König	Schreiber	wirklich	Schreiber	Rechnungsführer	Opfer-Gott	für	Götter alle	Vorsteher

šnwt(j)	n	nbw	3bḏw	sš	ḥtp-nṯr	n	nbw	W3śt
Speicher	der	Herren	Abydos	Schreiber	Opfer-Gott	für	Herren	Theben

Also: „Wirklicher königlicher Schreiber, Schreiber und Rechnungsführer des Gottesopfers für alle Götter, Vorsteher des Kornspeichers der Herren von Abydos, Schreiber des Gottesopfers für die Herren von Theben".

Seine Frau Tjutju war

nbt – pr	šmʿ.t	n Jmn
Herrin-Haus	Tempelsängerin	des Amon

Also: „Herrin des Hauses und Tempelsängerin des Amun". Sie hatte eine bedeutende Funktion im Amunskult; deswegen hält sie oft in der Hand das Sistrum und das Menat, von denen noch die Rede sein wird.

TAFEL 1

Mit anbetend erhobenen Händen tritt Ani vor den blumengeschmückten Opfertisch, der mit Rinderkeulen ◠, Broten und Kuchen △, ⬯, ◊, gedeckt ist. Krüge mit Öl und Wein ◊, ◊ stehen für die Götter bereit, Früchte und Lotosblumen ⚘, ⚭ runden das Ganze ab. Ani trägt ein weiß-safrangelbes Linnenkleid mit Fransen am Schurz. Den Kopf bedeckt eine schwarze Perücke, die Arme sind mit breiten Reifen geschmückt, und um den Hals trägt er den breiten Kragen aus Halbedelsteinen.

Abb. 16: Der breite Halskragen (nach Jéquier 63).

Hinter ihm steht seine ähnlich gekleidete Frau Tjutju. In der Rechten hält sie einen Blumenstab und ein Sistrum, in der Linken ein Menat.

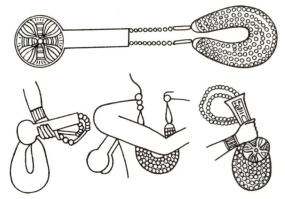

Abb. 17: Das Menat in thebanischen Gräbern (nach Jéquier 75).

Abb. 18: Formen des Sistrums im Neuen Reich (nach Jéquier 81).

Das Sistrum war eine Rassel, die eng mit dem Hathor-Kult verbunden war. Es bestand aus einem Bügel mit Handgriff. In den Bügel, der oft die Form eines Naos, eines „Tabernakels", hatte, waren Rasselstäbe in Schlangenform eingelassen, die beim Schütteln ein klirrendes Geräusch erzeugten, das durch gleitende Metallstücke an den Rasselstäben noch verstärkt werden konnte. Der Handgriff zeigt oft den Hathorkopf mit den Kuhohren. Hathor ht-Hrw „Haus des Horus", war ursprünglich das „Haus" d. h. die Mutter des Horus, des „Fernen". Aus dieser Rolle war sie bereits in früher Zeit von Isis verdrängt worden. Zu Ehren der Hathor, der Liebesgöttin, pflegte man bei ihren Festen Bündel von Papyrusdolden im Takt zu schütteln; später ersetzte das Sistrum aus Metall die Dolden.

Das Menat ist das Gegengewicht des schweren Halskragens und besteht aus einer Scheibe, einem Handgriff und einer Kordel. Bei Festen wurde es gern den Gästen überreicht und bei religiösen Feierlichkeiten den Göttern hingehalten. Im Kult hält es die Göttin dem König manchmal unmittelbar an die Nase, wie ihm sonst das Lebenszeichen ⚲ an die Nase gehalten wird, um ihm den Lebensodem zu verleihen. Auch vom Menat gehen Lebenskräfte aus. Die Musikologen sind der Meinung, das Menat sei kein Musikinstrument gewesen. Immerhin findet man Darstellungen von Tänzerinnen oder Priesterinnen, die im Takt das Sistrum und das Menat schwingen.

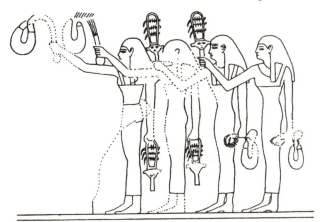

Abb. 19: Sängerinnen oder Priesterinnen, die rhythmisch das Sistrum und das Menat schwingen (nach Hickmann in Kêmi XIII, 1954, 101).

Abb. 20: Bronze-Menat mit Darstellungen der Hathor (aus Budge, Fetish 58).

◁ Bild 2

Der Hieroglyphentext der Tafel 1 ist ein Hymnus an Re, „wenn er aufgeht im östlichen Horizont des Himmels." Das ist das Kapitel 15 des Totenbuchs; der Text leitet unmittelbar hinüber zur Vignette der Tafel 2.

TAFEL 2

Bild 1 Das linke Register ist oben abgeschlossen durch die Hieroglyphe ▭ p.t = „Himmel". Darunter befindet sich die Sonnenscheibe ☉, die von zwei Armen ⌣ emporgehoben wird. Die Arme kommen aus dem Lebenszeichen ☥ hervor, das seinerseits auf dem Djed-Pfeiler 𓊽 steht, dem Zeichen für „Dauer" und dem Symbol des Osiris. Dieses wiederum steht auf der Hieroglyphe ⌒ für „Berg". Rechts und links der Sonnenscheibe halten ihr je drei Paviane anbetend die Hände entgegen. Neben dem Djed-Pfeiler knien die Klageschwestern des Osiris auf dem Zeichen ⌒ für „Gold", links Isis 𓊨𓐰𓏏, die Schwestergattin des Osiris, und rechts Nephthys 𓉠𓐰𓏏, die Schwester des Osiris und Schwestergattin seines Widersachers Seth. Beide sind an dem Kopfputz zu erkennen, mit dem ihr Name geschrieben wird. Dem Sinne nach gehört dieses Bild zum Hymnus an die aufgehende Sonne der Tafel 1.

Diesem Zusammenhang nach handelt es sich um ein Bild der Morgensonne. Die Sonne wird – so die Deutung von Sethe in SPAW 1928, 272 – im Ostgebirge („Berg") vom Djed-Osiris durch die Arme des „Lebenszeichens" zum Osthimmel emporgehoben und dort von den hundsköpfigen Affen adoriert, die stets den Sonnenaufgang mit ihrem

Gesang begleiten. Schäfer hingegen möchte hier die Darstellung der „auf- und untergehenden Sonne" erblicken — ZÄS 71 (1935) 29. Man kann dieses Bild nämlich auch so „lesen", daß die bei ihrem Aufgang von den Pavianen begrüßte Sonne vom „lebenden" Djed-Pfeiler in das Reich des Osiris heruntergeholt wird. Diese Kontroverse zeigt, wie schwer die Deutung der oft unklaren und geheimnisvollen Bilder des Totenbuchs sein kann, denn die Bilder wollen „gelesen" werden, wie auch der aus Bildern bestehende Text.

Das folgende Register ist eine Wiederholung der Tafel 1: Ani steht anbetend vor dem **Bild 2** Opfertisch und hinter ihm seine Ehefrau, das Sistrum in der erhobenen Rechten, den Blumenstrauß und das Menat in der Linken. Der in der äußersten rechten Zeile beginnende, von oben nach unten und von rechts nach links zu lesende Text ist ein Hymnus auf „Osiris, das vollkommene Wesen, das ist in Abydos, den König der Ewigkeit, den Herrn der Unendlichkeit, der Jahrmillionen in seiner Lebensdauer durchzieht".

TAFEL 3

Hier findet das Jenseitsgericht statt, in dem über das Nach-Tod-Schicksal des Ani befun- **Bild 3** den wird. Im Papyrus Ani wird dieses Kapitel an den Anfang seines Totenbuches gesetzt, unmittelbar anschließend an die Lobpreisungen für Re und für Osiris; in der kanonischen Reihenfolge trägt dieses Kapitel die Nummer 125. Für unser Denken ist die von Ani gewählte Folge befriedigender, da gleich nach dem Tode darüber entschieden werden soll, ob der Verstorbene für würdig befunden wird, in das Reich des Osiris einzugehen.

Im oberen Register der „Halle der beiden Gerechtigkeiten" sitzen die großen Götter des Totengerichts auf ihren Thronen vor einem Tisch mit den bereits bekannten Opfergaben wie Früchten, Blumen usw. In der Hand halten die Götter das Uas-Zepter für „Macht" und „Herrschaft". Ihre Namen sind, von rechts nach links: 🦅 *Ḥr 3ḫtj nṯr ꜥ3 ḥrj-jb wj3.f* = Horus vom Lichtberg, der große Gott in seiner Barke", *Tmw* = Atum (der Schöpfergott von Heliopolis), *Šw* = Schu (der Gott, den Atum „ausgehustet" hat, der Gott der Leere, des Zwischenraums, der Himmel und Erde trennte und so den Raum schuf), *Tfnwt nb.t p.t* = Tefnut, die Herrin des Himmels (die Göttin des Feuchten, die Atum bei der Welterschaffung „ausgespien" hat), *Gb* = Geb (der Gott der Erde, der Sohn von Schu und Tefnut), *Nwt nb(.t)p.t* = Nut, die Herrin des Himmels (die Tochter von Schu und Tefnut), *Jst* = Isis, *Nb(.t)-ḥw.t* = Nephthys (die beiden Klageschwestern des Osiris sitzen zusammen), *Ḥrw nṯr ꜥ3* = Horus, der große Gott, *Ḥwt-Ḥrw nb.t Jmnt.t* = Hathor, Herrin des Westens, und, zum Schluß, zusammensitzend *Ḥw* = Hu (Ausspruch) und *Śj3* = Sia (Erkenntnis). Die beiden letzten Götter sind eine Anspielung auf die Weltschöpfungslehre, wonach der göttliche Geist die Welt „erkannt" und das göttliche Wort sie durch den „Ausspruch" geschaffen hat. Unter diesen Göttern und vor ihnen verantwortlich treten nun Ani und seine Frau in die Gerichtshalle ein.

Bild 4 Das Zentralmotiv dieses Registers ist die Waage, auf der der Pavian 🐒, das heilige Tier des Thot, des Gottes der Weisheit, sitzt, und auf deren Schalen das Herz ♡ des Ani, der Sitz seines Gewissens, gegen die Feder der Ma'at ∫ gewogen werden soll. Die Schalen halten sich die Waage – Ani ist gerechtfertigt.

Der hundsköpfige Anubis, der Toten- und Balsamierergott, prüft das Züngelein der Waage. Über seinem Kopf steht die Inschrift, die den Wägemeister der Ma'at bittet, die
Bild 5 Waage so zu lenken, daß sie im Gleichgewicht ist. Rechts der Waage steht Thot, der Götterschreiber mit Schreibbinse und -palette, die in zwei Vertiefungen schwarze und rote Tinte enthält, und registriert das Ergebnis des Wägevorgangs. Hinter Thot lauert ein weibliches Monstrum, dessen Vorderteil ein Krokodil, dessen Mittelteil eine Raubkatze und dessen Hinterteil ein Nilpferd ist. Ihr Name ist ihr hier nicht beigeschrieben; in der Regel lautet er *ꜥmmj.t* = Ammit. Der Name kommt wohl von *ꜥm* = fressen und *mwt* = Tod; sie ist die „Totenfresserin" – Wb I 186, 17. Wer das Gericht nicht bestanden hat, ist ihr verfallen.

Bild 4 Links von der Waage steht eine männliche Gottheit, deren Beischrift sie als *š3j* = Schai „Schicksal" ausweist. Über ihm befindet sich der Ziegel, auf dem die Frauen zu gebären pflegten. Es ist ein Ziegel mit Menschenkopf, der den Namen *mś ḫn.t* = Mes'chenet hat, mit der Bedeutung „Ort wo man sich niederläßt – die Geburtsstätte, die beiden Ziegel, auf denen die Gebärende sitzt" – Wb II 148, 9. Hier ist nur einer der beiden Gebärziegel gezeigt; manchmal wird er nicht dargestellt, in einem anderen Papyrus kommt er gleich zweimal vor. Es besteht ein tiefer Zusammenhang zwischen den Ziegeln, die der Kreißenden als Auflager dienten, und der vorherigen Gottheit des Schicksals: „Das Schicksal erhebt den Neugeborenen auf den Gebärziegeln" – Erman in SPAW, 1917, 43. Links vom Geburtsziegel steht der *b3*, die „Seele" des Ani, in Gestalt eines Vogels mit
Bild 3 dem Kopf des Ani. Eine weitere Schicksalsbeziehung besteht zu den beiden Göttinnen, die unter dem *b3*-Vogel und links der Waage stehen. Es sind dies *mśḫn.t* =

Mes'chenet und ![hieroglyph] *rnnwt.t* = Renenutet. Mes'chenet ist die Göttin der Gebärens; sie steht der Geburtskammer vor; ihr Name läßt sich übersetzen mit „zum Gebären niederlassen". Renenutet ist die Göttin, die über die Erziehung wacht. *Rnn* bedeutet „ein Kind aufziehen" — zumeist eines von Göttinnen, die den König aufziehen, selten von menschlichen Verhältnissen — Wb II 436, 4. Renenutet ist die Amme, auch der Schutzgeist des Menschen bei der Geburt (seit der 18. Dynastie), und in der gleichen Schreibweise bedeutet das Wort „Glück, Reichtum", zumeist in Verbindung mit „Schicksal".

Für das Auftreten der drei Gottheiten Mes'chenet, Schai und Renenet ist der Papyrus Ani das „früheste und ikonographisch ausführlichste Beispiel" — Seeber in MÄS 35 (1976) 83. „Verglichen mit den anderen Darstellungen bildet dieser Papyrus eine Ausnahme, da beim Totengericht im allgemeinen Schai und Renenet zusammen als Paar auftreten und für Mes'chenet die Frauengestalt nur in diesem Beispiel belegt ist" — Seeber a.a.O.

Der Papyrus Ani bietet noch die andere Besonderheit, daß die Herzenswägung zweimal dargestellt wird, einmal auf Tafel 3 und zum andern auf Tafel 31–32. Jenseitsherr ist zwar Osiris, vor den Ani auf der Tafel 4 geführt werden wird. Das Richterkollegium der Tafel 3 aber besteht aus der großen Götterneunheit von Heliopolis, die im Lauf der Zeit dem Re zugeordnet wurde. In dieser Neunheit fehlen allerdings Osiris und Seth; Osiris, weil er auf Tafel 4 als Herr der Unterwelt fungiert, und Seth, weil er als Widersacher des Osiris bereits verfemt zu werden begann. Diese Götter sind im Richterkollegium der Tafel 3 ersetzt durch „Horus den großen Gott" und durch das Paar *Sia*–Erkennen und *Hu*–Ausspruch. Auf den Tafeln 31–32 wird die den Vorgang der Herzenswägung begleitende Versicherung der Sündenlosigkeit gebracht, die sogenannte „negative Konfession" des Kapitels 125. Auf der Tafel 3 hingegen wird der Text des Kapitels 30 B wiedergegeben, in dem Ani sein Herz anruft, beim Jenseitsgericht kein falsches Zeugnis gegen ihn abzulegen: „O mein Herz von meiner Mutter, mein Herz meines Entstehens. Möge nichts mir Widersacher sein, . . . mögen keine Lügen gegen mich vorgebracht werden in Gegenwart des Gottes"! Thot aber, der unbestechliche Registrierer, verkündet den im oberen Register sitzenden Göttern: „Höret das Urteil! Das Herz des Osiris (Ani) ist in Wahrheit gewogen worden und seine ‚Seele' war Zeuge für ihn. Seine Sache (sein Fall) ist richtig auf der großen Waage. Kein Fehl wurde an ihm gefunden . . ."

Diese Worte sind an das Richterkollegium des Sonnengottes Re gerichtet. Vor ihm also wird Ani als gerechtfertigt bezeichnet, bevor er auf der folgenden Tafel dem Herrn des Jenseits, Osiris, zugeführt wird. In dem durchgehenden Papyrus wird dieser Unterschied dadurch verdeutlicht, daß Anubis, der Wiegemeister, der registrierende Thot und die Fresserin nach links gewandt sind, während die Götter des Richterkollegiums nach rechts schauen. Kompositionell ist die Tafel 3 eine Einheit, die sich scharf von der folgenden Tafel 4 abhebt.

TAFEL 4

Bild 6 Der gerechtfertigte Ani wird zu Osiris geführt. In weiß-gelber Robe steht Ani links im Bild, in ehrfurchtsvoller Verneigung und die Rechte leicht zum Gruß erhoben. Vor ihm steht der Gott Harsiese *Ḥr s3 Jst* = Horus, Sohn der Isis, der mit der Linken die Rechte des Ani ergreift, um ihn zum Herrn des Totenreichs zu führen. Der falkenköpfige Harsiese trägt die Doppelkrone, bei der jedoch die rote unterägyptische gegen die weiße oberägyptische Krone zurücktritt. Seine Tracht besteht aus einem in waagrechten Streifen grün-gelb gemusterten Wams, einem kurzen weißen Rock und einem gelben Schurz. Vom Gürtel hängt hinten der Stierschwanz herab, der auch zum Königsornat gehört. Die Beischrift beginnt in der rechten Kolumne. Unter dem rot geschriebenen = *Worte zu sprechen von* steht der Name Harsiese, der mit erhobener Linken verkündet, daß Ani gerechtfertigt ist, daß sein Herz ohne Fehl aus der Waage gekommen ist, daß er sich gegen keinen Gott und keine Göttin versündigt und daß Thot den Wägevorgang ordnungsgemäß durchgeführt hat.

Bild 7 Im mittleren Register kniet Ani auf einer Flechtmatte, diesmal mit weißer Perücke und dem Salbkegel auf dem Kopf, vor Osiris. Die Rechte hat er adorierend emporgehoben, in der Linken trägt er das , das Sechem-Zepter für „Macht" und „Führung". Trotz seiner respektvollen Haltung deutet er damit an, daß er als Gerechtfertigter zu einem „Osiris NN" geworden ist, und macht einen Führungsanspruch im Jenseits geltend. Seinen Hals schmückt, wie üblich, ein großer Kragen aus Halbedelsteinen. Vor ihm steht ein Opfertisch mit Fleischstücken, dem Vorderschenkel eines Ochsen und Broten sowie mit Blumen und Früchten. Die von rechts nach links laufende Beischrift, die den unteren Teil des mittleren Registers oben abschließt, nennt seinen Namen 𓁹 𓊨 𓅭𓏲𓈖𓀁 *Wsjr sš 3njj* = Osiris, der Schreiber Ani. Über dem knienden Ani befinden sich zwei Gefäße mit Ausguß, wohl für Wasser. Sie scheinen zu seiner Jenseitsausstattung zu gehören. Über ihnen sieht man zwei Krugständer bzw. „Descheret"-Krüge, wie sie bei der Bestattung verwendet wurden. Die vier davor stehenden, von Lotosblumen umrankten Gefäße hatten ebenfalls funeräre Bedeutung. Die Lotosblume 𓆸, 𓆷 war Symbol der Auferstehung; aus dem auf dem Urozean schwimmenden Lotos ist am Anfang des Weltwerdens die Sonne hervorgekommen.

Im obersten Teil sieht man links eine von zwei Blumensträußen umgebene Girlande und rechts davon einen Opferständer sowie erneut eine Tischplatte mit Broten, Fleischstücken und zwei Enten, die von zwei weißen Spitzbroten △ eingerahmt werden.

Rechts thront Osiris in seiner Halle. In Wirklichkeit handelt es sich um zwei ineinander **Bild 8** geschachtelte Schreine, wie man auch gerne den Toten in einen Sarg legte, den ein zweiter und manchmal ein dritter umschloß. Das bekannteste Beispiel sind die drei ineinander geschachtelten Särge des Tutanchamun. Der äußere Schrein ist grün und hat die Form des Kastensarges, wie er bis ins Mittlere Reich hinein üblich war. Mit seinen aufragenden Wänden und seinem gewölbten Deckel entspricht er dem unterägyptischen Reichsheiligtum.

Abb. 21: Die unterägyptische „Kapelle" (nach RÄRG 631).

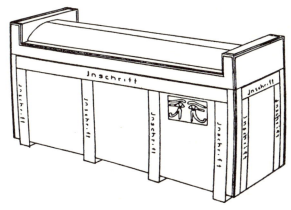

Abb. 22: Ein Sarg des Mittleren Reichs (nach RÄRG 656).

Auf dem gewölbten Deckel des Schreins lagert der falkenköpfige Totengott Sokar aus Sakkara (bei Memphis), in dessen Namen der des Sokar noch fortlebt. „Sokar scheint die im Urgrund der Erdentiefe wurzelnde, zeugende Lebenskraft des Chthonischen zu verkörpern, aus der sich alles Seiende ständig regeneriert" – Spiegel in GOF IV, Bd. 3 (1975), S. 180. In der vierten und fünften Stunde der Nacht mußte der Sonnengott auf seiner Unterweltsfahrt durch das Land des Sokar, „der auf seinem Sande ist." So schildert es eines der bekanntesten Unterweltsbücher des frühen Neuen Reichs, das „Amduat" d. h. das Buch, von dem „was in der Unterwelt ist." Als Totengott hat Osiris den Sokar abgelöst bzw. sich mit ihm verbunden. Die innere Wesensverwandtschaft beider Götter drückt sich hier darin aus, daß Sokar auf dem äußeren Schrein des Osiris liegt, so wie er im Amduat auf seinem Sande liegt – vgl. auch Tafel 37.

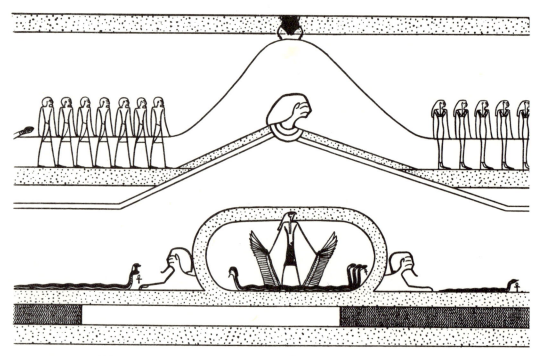

Abb. 23: Sokar auf seinem Sande. (Aus Hornung, Amduat, fünfte Stunde).

Bild 8 Über dem Dach des äußeren Schreins ringeln sich rechts und links des Sokar je sechs Uräusschlangen empor. Goldene Uräusschlangen bilden den Stirnschmuck des Königs. Die giftspeiende Kobra war das Sonnenauge, das sich Re als Diadem aufs Haupt gesetzt hatte. Mit ihrem Gift, der „Feuersglut", schützen hier die Uräen den äußeren Schrein des Osiris. Das Dach des inneren Schreins wird von zwei Papyrusbündelsäulen getragen, deren Kapitell von einer Lotosblüte gebildet wird, die zwei Uräen mit der Sonne auf dem Kopf umgeben. Das Dach des inneren Schreins ist wiederum mit einem Fries sonnentragender Uräen geschmückt. So genießt Osiris in seinen beiden Hallen den Schutz der feuerspeienden Sonnenschlangen. Es sei vermerkt, daß im Totenbuch stets von den „beiden Hallen" der Gerechtigkeit die Rede ist, wobei eine für den Osten und eine für den Westen steht. Der Sockel der beiden hier ineinandergeschachtelten Hallen hat die Form der Hieroglyphe ⌐⌐ der Ma'at, der bei der Schöpfung gesetzten kosmischen Ordnung, die auch für das Reich des Osiris gelten soll. Die linke Schrägseite des Sockels wird offensichtlich von einer Treppe gebildet. Diese Treppe findet sich wieder in den Barken der Tafel 35, auf die S. 77 verwiesen wird.

Üblicherweise steht der Königsthron auf einem Sockel, der die Form der Ma'at-Hieroglyphe hat. Die kosmische Ordnung wird nämlich bei jeder Thronbesteigung erneuert, und sie zu gewährleisten ist die eigentliche Aufgabe des Königtums. Der Thronsockel in seiner Ma'at-Form kann zudem als stilisierter Urhügel aufgefaßt werden; der Urhügel war die erste Erhöhung, die beim Weltbeginn aus dem Urwasser auftauchte. Auch die Treppe ◿ ◸ kann als stilisierte Form des Urhügels verstanden werden. Außerdem impliziert sie allgemein den Gedanken des Auf- und Absteigens; die Stufenpyramide von Sakkara ist eine Riesentreppe, auf der der verstorbene König zum Himmel stieg. In einer bestimmten

Schreibweise wird das Wort für „Thron" mit der Treppe determiniert. Wenn also auf Tafel 4 nicht die Schräge der Ma'at-Hieroglyphe, sondern die Treppe zum Thron hinaufführt, so kommen hier in zweifacher Weise Vorstellungen vom Urbeginn zum Ausdruck.

Die Ma'at ist ihrerseits die Tochter des Sonnengottes Re, der von ihr „lebt". Das Zeitwort $m3^c$ bedeutet aber nicht nur „richtig sein", sondern auch „führen" – Wb II 23, 1. Hier tut sich eine weitere Funktion der Ma'at auf; sie ist die „Führerin des Sonnenlichts" – Westendorf in ZÄS 1971, 143. Auch die Treppe kann in solarem Sinn verstanden werden, denn auch die Sonne steigt täglich zum Zenit hinauf und von dort zum Westhorizont hinunter. „Die feste Verbindung zwischen Ma'at (= Urhügel) und der Sonne wird deutlich. Dieser Urhügel ist für die Sonne ja nicht nur der Ruheplatz am Abend, sondern zunächst der Ausgangspunkt am Morgen: durch das Aufsteigen des Urhügels, der hier als ‚Sonnenträger' dient, wird die Sonne an den Himmel gehoben" – Westendorf a.a.O. Im Thronsockel der Tafel 4 ist somit die solare Komponente zwar vorhanden, tritt aber stark zurück gegen die chthonischen Elemente, die dem Osiris wesenhaft verbunden sind.

Der Thronsessel des Osiris hat die Form einer Hausfassade. Hier wird das Motiv der Scheintür aufgegriffen, das im ägyptischen Grabbau eine so besondere Rolle spielt, jener in der östlichen Längswand aufgemalten oder eingemeißelten Tür, die das Diesseits vom Jenseits trennt und durch die der Tote herauskommen soll, um die für ihn bestimmten Opfer in Empfang zu nehmen. Der Idee des Grabes als Wohnhaus entsprach es auch, daß die Könige des Alten Reichs ihrem Sarkophag gern die Form des Palastes gaben, in dem sie zu Lebzeiten geherrscht hatten.

Vor Osiris stehen auf einer Lotosblüte die vier Horussöhne, die wir auf Tafel 8–9 wiederfinden werden. Hinter dem Lotos hängt eine Kuhhaut, das sogenannte Imiut. Es ist dies ein alter Fetisch, ursprünglich wohl die Haut eines schwarzen Stiers mit einem weißen Mal auf der Stirn. Es ist anzunehmen, daß man in sehr frühen Zeiten „die Königsleiche in ein Stierfell steckte und solange preßte, bis sie völlig ausgetrocknet und mumifiziert war"; – Jankuhn in GM 1 (1972) 15. Das Wort „Imiut" bedeutet: „Der innerhalb des Ut ist";

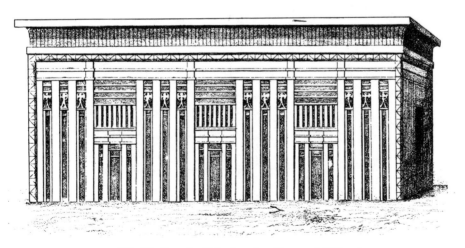

Abb. 24: Sarg des Mykerinos (aus Maspero I 377).

Ut aber war Anubis „zu Beginn seiner Funktionsausweitung als Herr der Bestattung" – Köhler 445; Er dürfte nach Köhler, a.a.O, „die Grundbedeutung ‚umhüllender Balg oder Fellhülle' besessen haben und ebenso wie die Darstellungsform des Anubis-Imiut allein das eigentliche Regenerationsmittel, den Balg betonen." Der Durchgang durch die Haut ist bei vielen frühen Völkern der Weg der Erneuerung, der Wiedergeburt gewesen. Anubis aber war der Herr der Balsamierung, der den Toten mit den schützenden Binden versah, die den Zerfall des Körpers hinderten. Daß hier eine Kuhhaut dargestellt wird, mag eine Anspielung auf die Himmelskuh sein, durch deren Leib der Sonnengott allnächtlich hindurch mußte, um sich für sein Neuerscheinen als junge Morgensonne zu regenerieren.

Abb. 25: Einige Darstellungen des Imiut-Balges (nach Köhler, Tafel VI).

Abb. 26: Die Gerichtshalle des Osiris (nach Naville I 136 A. g.). Hier fehlt der Imiut-Balg. Nur der Lotos gewährleistet die Wiedergeburt.

Hinter Osiris stehen seine von der Tafel 3 her bereits bekannten Klageschwestern Isis in grünem und Nephthys in rotem Trägerkleid, beide ausgewiesen durch ihren Kopfputz. Vor Osiris steht sein Titel Wsjr nb dt 𓁹𓎟𓆓𓏏 „Osiris, Herr der Ewigkeit". Er trägt die ihm eigentümliche weiße Atefkrone mit grünen Federn. Seine Hautfarbe ist grün – die Farbe der Vegetation. Um den Hals trägt er den mit dem bekannten Menat hinten beschwerten weiten Halskragen aus Halbedelsteinen. Mit beiden Händen hält er seine Insignien: das Hekat-Zepter 𓋾 der „Macht", das Uas-Zepter 𓌀 der „Herrschaft" und die Königsgeißel 𓌅. Er ist mumienförmig dargestellt, doch sind die Mumienbinden mit einem Schuppenmuster überzogen, das in andern Darstellungen fehlt.

Es wird die Meinung vertreten, Osiris trage ein Federkleid, doch scheint es sich eher um Fischschuppen zu handeln. Das Schuppenmuster ist insofern interessant, als der Osiriskult zum Fisch ein höchst ambivalentes Verhältnis hatte. Bei den Osirisfeiern wurden Fische zerstampft oder gar verbrannt, um sie als „Feinde des Osiris" der völligen Vernichtung preiszugeben.

Vor allem war der Oxyrhynchos verfemt, weil er den Phallus des ertrunkenen Osiris verschlungen haben soll. Anderseits wurde von ihm gesagt, daß er aus den Wunden des Osiris entstanden und mithin osirianischer Natur sei. Wenn Ertrunkene von Fischen gefressen wurden, so hatten sie damit ein rituelles osirianisches Begräbnis. „Es kann kaum bezweifelt werden, daß dahinter die Osirissage und die Auffassung steht, die Ertrunkenen seien, eben weil sie das Schicksal des Osiris teilten und im Nil statt in einem Grabe ihre letzte Ruhe fanden, beonders begnadete, ja göttliche Wesen" – Sethe, Dramatische Texte, 119. So konnte denn auch Osiris als Fisch dargestellt werden.

Desroches-Noblecourt weist darauf hin, daß der Verstorbene unter zwei Fischarten dargestellt werden konnte, die seiner ersten und seiner letzten Verwandlung vor der Auferstehung entsprachen – Kêmi 1954, 14. Der Abdju-Fisch, der eine beachtliche Größe erreichen konnte, war das erste *Cheperu* des Toten, der kleine Inet-Fisch war das letzte vor der Auferstehung. Beim Abdju-Fisch *(3bdw)* ist auf den Konsonantengleichklang mit Abydos *(3bdw)* zu achten. Abydos war die große ägyptische Totenstadt, in der jeder, der es sich leisten konnte, zumindest eine Stele errichtete, um an den Opfern teilzuhaben, die

Abb. 27: Der Fisch als Symbol der Unsterblichkeit über der Mumie in der Spätzeit (aus Atlas, Nr. 137).

Abb. 28: Osiris, dem Isis die Hände reicht, wird von Nephthys mit ihren Flügeln schützend umfangen (nach Naville I 153).

dem Osiris an diesem seinem Hauptkultort dargebracht wurden, dies vor allem im Mittleren Reich. So ist in diesen Bildern des Totenbuchs jede, scheinbar noch so belanglose Einzelheit von einer Symbolik, die sich nur dem erschloß, der sich in den weit verästelten Gedankengängen des ägyptischen Jenseitsglaubens genau auskannte.

Die Deutung der vorgenannten Schuppen als Federn läßt sich im Hinblick auf die „Federsärge" vertreten, die von den Einheimischen auch „Rischi-Särge" genannt werden. Um den Sarg legt sich ein Flügelpaar, das von den Schultern bis zu den Füßen reicht und den Sarg mit der Mumie schützend umfängt. Manchmal wird das Motiv variiert und es sieht so aus, als sei der Sarg mit einem Federkleid überzogen. Der Name des Luftgottes wird mit der Feder geschrieben, und mit ihren Flügeln hatte Isis den toten Osiris zum Leben erweckt, indem sie ihm Luft zufächerte. Es versteht sich, daß der Tote sich den Schutz der Flügel und den durch die Federn gespendeten Lebensodem wünscht. Inwieweit Osiris dessen bedurft hätte, unter dessen Schutz das ganze Jenseits stand, ist weniger einleuchtend. Immerhin gibt es solche Darstellungen und so läßt sich hier das Schuppenmuster auch als Federkleid verstehen.

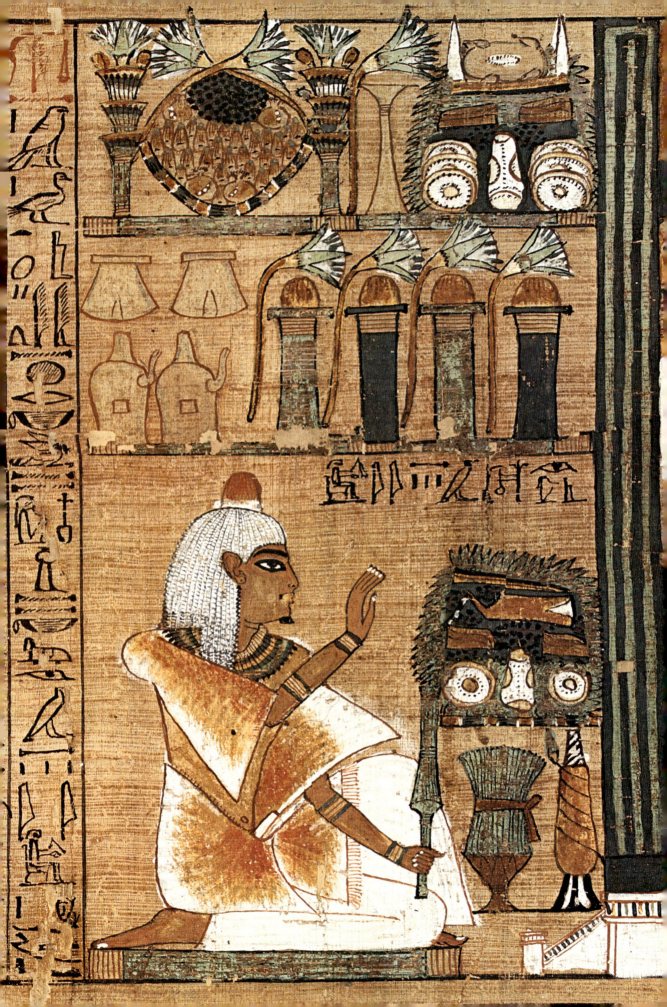

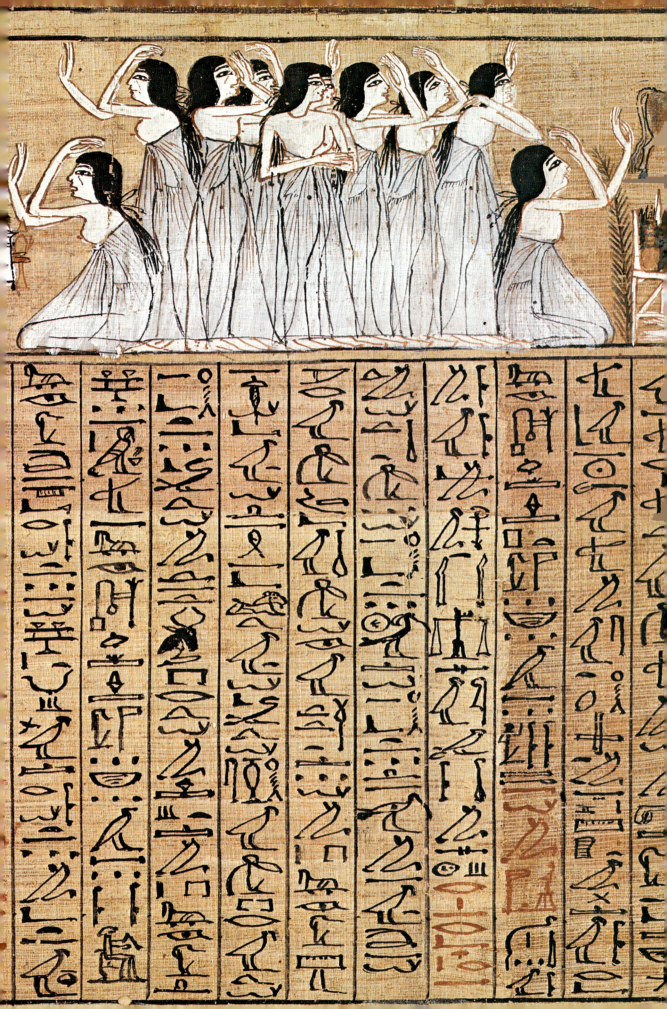

TAFEL 5

Im Jenseitsgericht war Ani als „wahr an Stimme" erkannt worden, bevor ihm die Gnade des osirianischen Begräbnisses zuteil wurde, das für den Ägypter die Voraussetzung für ein Weiterleben im Jenseits war. In der Fremde zu sterben und nicht in ägyptischer Erde gemäß den osirianischen Riten bestattet zu sein, bedeutete die Entbehrung der für das Jenseitsdasein so notwendigen rituellen Handlungen und Opfer. Wie alt die Vorstellung von der Notwendigkeit einer rituellen Bestattung war, zeigt die Inschrift des Sabni aus dem Alten Reich in seinem Felsengrab bei Assuan. Als er hörte, daß sein Vater in Nubien gestorben sei, zog er mit 100 Eseln aus, um ihn nach Ägypten zu holen, damit er dort bestattet werde.

Daß bei Ani die Beisetzung erst nach dem Jenseitsgericht erfolgt, zeigt, daß im Glaubensdenken des Ani nur der Gerechte auf Erden einen Anspruch auf das rituelle Begräbnis hat, eine Vorstellung, die wir leicht nachvollziehen können, wenn wir uns vor Augen halten, daß im Gegensatz zu unsern Bestattungszeremonien das ägyptische Beisetzungsritual *ex opere operato* die körperliche Wiederbelebung bewirkte, die Voraussetzung für das Fortleben im Jenseits war.

Von der Bildgestaltung her sind die Tafeln 5 und 6 eine Einheit. Auf der Tafel 5 wird der Leichenzug dargestellt, während am Schluß der Tafel 6 das Ritual der körperlichen Wiederbelebung vollzogen wird. Der hieroglyphische Text gibt die Kapitel 1 und 22 sowie das Rubrum zu Kapitel 72 wieder.

◁ Bild 9, 10

Das Zentralmotiv der Tafel 5 ist der Sarg, der auf einer Barke ruht; diese wiederum steht auf einem von zwei Ochsen gezogenen Schlitten. Hier kommt zum Ausdruck, daß der Tote in der Barke über den Nil zur Westseite übergesetzt werden mußte. Dann wurde die Barke mit dem Sarkophag auf den Schlitten gesetzt und von den Ochsen zum Grabe gezogen. Der Sarkophag hat die Form der oberägyptischen Kapelle; der Deckel steigt im Längsprofil langsam an und biegt dann in kräftiger Rundung nach unten ab.

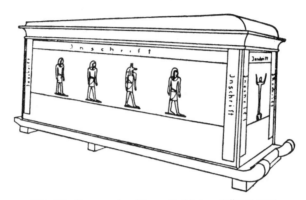

Abb. 29: Sarg aus dem Neuen Reich (aus RÄRG 659).

Vorn und hinten wird der Sarkophag von Lotosblumensträußen eingefaßt – Symbole der Sonne und der Wiedergeburt aus dem Dunkeln. Neben dem Sarg kniet weinend Tjutju, die Witwe des Ani. Am Bug der Barke steht eine Statuette der Nephthys, am Heck, vor den Steuerrudern, eine solche der Isis. Das Ochsengespann wird von drei Dienern geführt. Hinter ihnen und der Barke zugewendet steht ein Sem-Priester im Pantherfell, seiner Amtstracht. Mit einem Räuchergerät in der Rechten räuchert er dem Toten, mit der Linken gießt er aus einer Kanne Wasser vor die Kufen des Schlittens.

Dem Sarkophag folgen acht Trauernde, von denen einer eine weiße Perücke trägt. Ihnen folgt der Totengott Anubis auf seinem Schrein 🏛, der mit den Zeichen für „Isisblut" und „Dauer" geschmückt ist. Der Schrein ruht ebenfalls auf einem Schlitten, der von vier Dienern gezogen wird; ihnen folgen zwei weitere. In einen solchen Schrein pflegte man die vier Krüge mit den Eingeweiden des Toten zu tun. Neben dieser Gruppe, jedoch über ihr dargestellt, schreiten vier weitere Diener, die Anis Schreibgerät tragen sowie Truhen, einen Stuhl, ein Ruhebett und seinen Amtsstab.

TAFEL 6

Die Bildmitte wird von zehn Klageweibern eingenommen, von denen zwei kniend darge- **Bild 9**
stellt sind. Der sich nach links wendenden knienden Frau kommt der Leichenzug entgegen, angeführt von zwei Dienern, die auf Schultertragen Kästen mit Blumen und Salbgefäßen heranbringen. Rechts von den Klageweibern steht eine Kuh mit ihrem Kalb; unter diesen zwei Stühle aus bemaltem Holz, auf denen Blumen liegen. Davor läuft ein kahlgeschorener Diener (Priesteranwärter?), der einen frisch abgeschnittenen Ochsenschenkel ⌒ in Händen trägt.

Die Gruppe rechts vollzieht die letzten Riten zur Wiederbelebung des Ani. Ganz rechts im Bilde ist sein Grab, von einer kleinen Pyramide bekrönt, wie es im Neuen Reich üblich war. Davor steht die Mumie, die der Totengott Anubis von hinten umfaßt, um ihr durch diese Umfassung neue Lebenskraft einzuflößen. Vor ihr kniet die Witwe des Ani und nimmt Abschied von dem Gatten. Hinter ihr ist der bekannte Opfertisch, vor dem zwei Priester stehen. Der Sem-Priester trägt das Pantherfell und hält in der Rechten einen Libationskrug, in der Linken ein Räuchergerät. Der neben ihm stehende Priester hält in der Rechten ein Instrument, mit dem er Mund und Augen der Mumie berühren wird. Dieses Instrument heißt 𓌂𓎛𓂝 *wr-ḥk3w* = „Groß an Zauber". Es besteht aus einem schlangenförmigen Holzstab, der in einen Widderkopf endet. In der andern hält er das Mundöffnungsgerät ⌒, das die Form eines Schreinerdächsels hat. Hinter den Priestern liegen die andern Instrumente, die beim Mundöffnungs-(= Wiederbelebungs-)Ritual Verwendung fanden: das Mes'chet ⌒, das die Form einer Rinderkeule hat und auch den Namen Chepesch führt. Dann folgen der bekannte Dächsel, ein Finger, ein Schlachtmesser (?), ein Finger, Natrongefäße usw. und ganz unten ein Kästchen in der Form der oberägyptischen Kapelle. Hinter den beiden Priestern rezitiert der Vorlesepriester die Totengebete aus der Papyrusrolle.

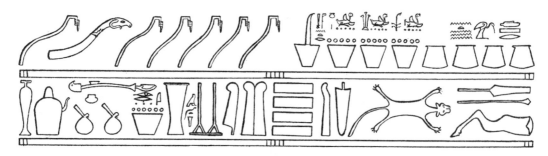

Abb. 30: Das vollständige für die Zeremonie der Mundöffnung erforderliche Gerät (aus Jéquier 323).

ZU DEN TAFELN 7–10

Die Tafeln 7–10 bilden eine einheitliche durchgehende Komposition. Der hieroglyphische Text, den sie veranschaulichen wollen und dessen Kolumnen von links nach rechts zu lesen sind, enthält das Kapitel 17, das oft an den Anfang des Totenbuchs gesetzt wird. Die Ägypter selbst haben dieses Kapitel als besonders bedeutsam empfunden, da sie es mit Erläuterungen (Glossen) versehen und zu den einzelnen Sprüchen auch eine „andere Fassung" gegeben haben. Das Zentralmotiv, das sich durch den Text hindurchzieht und, wenn auch in versteckter Form, stets wieder aufgegriffen wird, ist das der beiden Ewigkeiten, die im Ägyptischen als nhh und dt, also als Neheh- und Djet-Ewigkeit bezeichnet werden.

Von den vielen Begriffsbestimmungen dieser beiden Ewigkeiten seien deren nur zwei herausgegriffen: „Die beiden ägyptischen Begriffe *(nhh* und *dt)*, die wir mit ‚Ewigkeit' übersetzen, bedeuten in Wahrheit zusammengenommen die *Zeit,* die dem Sein gegeben ist; daher definiert die einzige direkte Erklärung, die wir haben, das Sein als *nhh* und *dt*" – Hornung, EuV 178. Für Hornung gibt es im alten Ägypten kein ewiges Sein. Hingegen meint Assmann, „daß *nhh* die Zeit in ihrem diskontinuierlichen Aspekt bezeichnet, als die (unendliche) Zahl von Zyklen, *dt* dagegen den kontinuierlichen Aspekt der Zeit als Ausdehnung in einer mehr räumlich gedachten Dimension. *nhh* ist zyklische Perpetuität, *dt* ist lineare Permanenz. Beide Begriffe sind zukunfts-bezogen" LÄ II 48.

In diesem Zusammenhang könnte das Kapitel 175 des Totenbuchs von Bedeutung sein – Tafel 29. In diesem Kapitel verheißt der Urgott Atum, daß er (der vor der Weltschöpfung eine Schlange war) sich am Ende der Zeiten zusammen mit Osiris wieder in eine Schlange verwandeln wird, die die Menschen nicht kennen und die die Götter nicht sehen.

Vor der Schöpfung also war die Schlange, und nach ihr wird sie wieder sein. Die Schöpfung ist die Zeit, in der die Sonne leuchtet; sie währt Jahrmillionen, ist somit eine „Ewigkeit". Geht man also von dem aus, was die Bilder sagen, dann ist ḏt die Ewigkeit vor und nach der Schöpfung, nḥḥ die Ewigkeit, während der die Schöpfung sein wird. Diese Unterscheidung entspricht in unserem Sprachgebrauch der Ritualformel „in Allzeit und in Ewigkeit". Allzeit ist die Summe der Zeiten; Ewigkeit ist das Zeitlose, das vor der Zeit war und nach ihr sein wird. Deswegen wird Osiris zur ḏt-Ewigkeit in Beziehung gesetzt, während die nḥḥ-Ewigkeit die des Re ist. Beide aber koexistieren in ihren spezifischen Bereichen, die eine in der Unter-, die andere in der Oberwelt, wobei das nḥḥ-Element ständig vom ḏt-Element bedroht ist, seiner aber ständig zur eigenen Regenerierung bedarf. Das nḥḥ ist eine Insel in der Unendlichkeit des ḏt.

Zu Beginn des 17. Kapitels identifiziert sich Ani mit den beiden großen Göttern, die jeweils einer der beiden Ewigkeiten zuzuordnen sind: „Zugehörig bin ich zu Atum; ich bin Re bei seinem ersten Erscheinen." Westendorf bemerkt hierzu, daß Atum „als Urhügel bzw. Urwasser ein Element der Djet-Ewigkeit" ist und sagt anschließend weiter: „Das Neheh-Element des Re bricht aus seinem komplementären Djet-Element Atum aus" – GOF IV/3, 1975, 186. So „greift der Tote demnach sofort zu der höchstmöglichen Gleichsetzung mit kosmischen Elementen (Sonnengott Re erscheint erstmalig aus Atum), um seinem eigenen Wunsch nach Ausbruch aus der Unterwelt die optimale Wirkung zu sichern" – a.a.O. Was vorstehend abstrakt gesagt wurde, wird nun in den Vignetten veranschaulicht.

TAFEL 7

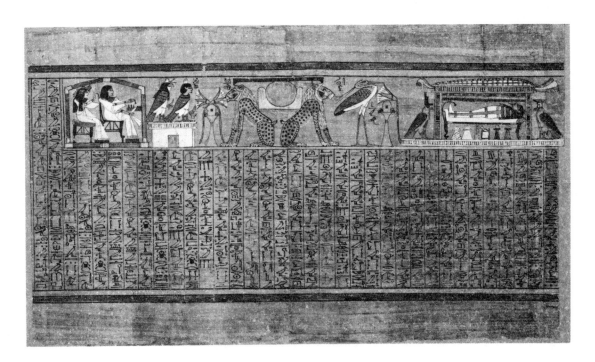

Bild 10 Gleich im ersten Bilde spielt Ani, den seine Frau berät, alle Seinsmöglichkeiten durch, die ihm die Djet-Ewigkeit in Aussicht stellt. Mit seiner Frau läßt er sich beim Brettspiel darstellen, das er im irdischen Leben zu seinem Vergnügen gespielt haben mag, dem aber im Jenseits schicksalhafte Bedeutung zukommt. Jedes der Felder, auf das die Steine vorrücken, ist ein *Cheperu,* eine neue Verwandlungsart seines Seins. Im ersten Felde wird er zu Thot, dem „Wissenden", und im letzten geht er ein in Osiris, den Herrn des Jenseits.

Abb. 31: „Spielbrett mit 30 Feldern, auf denen die beiden Spieler ihre Steine vorrücken lassen; die drei Streifen laufen in abwechselnder Richtung. Die Felder, auf denen die Namen, Symbole oder Schutzgötter teilweise eingetragen sind, enden mit Osiris, dem Totenrichter im Jenseits, bei dem die ewige Glückseligkeit zu erlangen ist." — 1 Thot, 2 Neith, 3 Neith, 4 Maat, 5 „Schönes Leben", 7 „Dreißig Totenrichter", 8 Gnade u. Beliebtheit, 9 Djed-Pfeiler des Osiris u. „Isisblut", 10 Uto, 11 Mut, 12 Sahu (Orion), 14 Himmel u. Sonne, 15 Rosette, 16 Fischernetz, 17 Baum(?), 20 Brot oder Kuchen(?), 23 Libation, 26 Schönheit, 27 Wasser, in das die Besiegten geworfen werden, 28 „Seelen" v. Heliopolis. (aus Roeder, Zaub. 255.).

Im folgenden Bilde stehen die *Baw,* die „Seelen" des Ani und seiner Frau, über dem Grab, das oben mit einer Hohlkehle abschließt. Vor dem Grabe befindet sich ein von Lotosblumen umrankter Tisch mit einem Libationsgefäß. Die *Ba*-Seele wird aufgrund ihrer unbeschränkten Bewegungsfreiheit (Himmelsflug) als Vogel aufgefaßt, der mit dem Kopf des Verstorbenen dargestellt wird. Hier wird die Vereinigung mit ihrem *Ba* auch für die Tjutju magisch vorweggenommen. Erst wenn der mumifizierte Körper durch die Zauberkraft des Rituals verklärt worden ist, kann sich der *Ba* wieder mit ihm vereinigen und damit die Ganzheit der Persönlichkeit wieder begründen. Die Beischrift bezeichnet Anis Seele als $b3 \; n \; Wsjr$ = *Ba* des Osiris.

Das weitere Bild zeigt zwei Rücken an Rücken sitzende Löwen, die die Hieroglyphe „Horizont" tragen, über die sich der Himmel ausdehnt. Der rechte Löwe führt die Beischrift sf = „Gestern"; die des linken lautet $dw3w$ = „Morgen". Eine Fülle von Symbolen ist in diesem Bilde zusammengeballt: der Horizont, die Gefahrenstelle, an der sich Djet und Neheh begegnen, das gleichzeitige „Gestern" und „Morgen", also die Nichtexistenz einer Zeitachse im Jenseits, die Gewißheit, daß der sich im „Heute" befindliche Tote das „Morgen" erleben wird, weil er im „Gestern" gewesen ist. Die Horizontlöwen werden oft als Schu und Tefnut bezeichnet, die ersterzeugten Kinder des Schöpfergottes Atum, und sind damit der Djet-Ewigkeit zuzuordnen.

Dieses Motiv wird im weiteren Bild variiert. Vor einem Opfertisch steht der *bnw*-Vogel, der Phoenix, der sich bei der Weltentstehung auf dem Urhügel niederließ und der Welt das Licht brachte – die erste Neheh-Bildung der ägyptischen Weltwerdungslehren. Er ist der „Hüter der Kontrolle dessen was existiert", und das, was existiert, ist Neheh „gemeinsam" mit Djet, im Diesseitsbereich Tag und Nacht oder Gestern und Morgen.

Das folgende Bild zeigt die Mumie des Ani in einem Schrein auf einer Raubkatzenbahre **Bild 11** 𓃬 und bewacht von Isis 𓁹 und Nephthys 𓁸 als Falkenweibchen. In früher Zeit wurde der Himmel wohl als Raubkatze (Westendorf in MÄS 10, 1966, 12) und dann als Falke erschaut. Ani auf der Raubkatzenbahre ist im Himmel und wird von den Klageschwestern des Osiris in ihrer Form als Himmelsgöttinnen beschützt. Unter der Bahre stehen von links nach rechts: zwei Krüge, Anis Schreibpalette, ein Kästchen und zwei weitere Krüge.

TAFEL 8

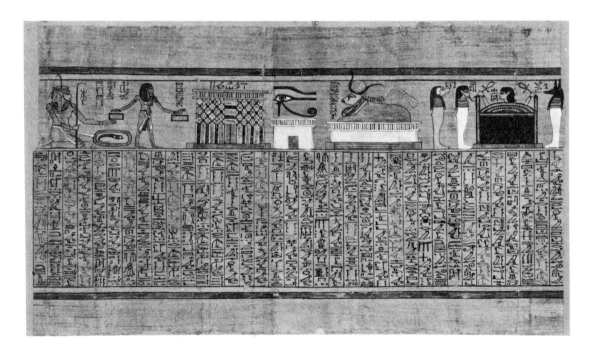

In neuer Variation klingt das Thema der beiden Ewigkeiten wieder auf. Der Gott 𓎛𓎛 *ḥḥ* **Bild 12** = Heh = „Million" kniet vor einem Oval, in dem eine Schlange liegt, deren Kopf ein Auge ist. In der Rechten hält er die Palmrippe für „Jahr", die er auch als Kopfschmuck trägt. In ihm stellen sich die Jahrmillionen dar, die die Neheh-Ewigkeit ausmachen. Er ist auch der Gott des Urwassers, wie die blauen Wasserlinien andeuten, die den Körper durchziehen. Das Oval, über das der Gott schützend die Linke hält, umschließt in ägyptischen Unterweltsbildern oft gefährliche Bezirke. Die Schlange im Oval erinnert an die Urzeit der Djed-Ewigkeit. Der Schlangenkopf könnte das Auge des Sonnengottes Re sein. Man hätte also wiederum im Oval die Verbindung Atum-Re, die für die beiden Ewigkeiten stünde.

Vor dem Gott der Jahrmillionen steht ein Nilgott, der den Namen
w3dt-wr = „das große grüne (Wasser)" trägt, und der seine Hände schützend über zwei
heilige Natron-Teiche hält, die für die kultische Reinigung von Bedeutung sind. Das Haus,

Abb. 32: Vignette zu Kapitel 17. Hier wird der Gott der Jahrmillionen durch zwei Göttinen dargestellt. Es fehlt das Oval und die Schlange; nur das Auge ist zweimal zu sehen (nach Barguet 59).

das rechts des vorgenannten Gottes steht, ist das Grab des Ani und wird durch seine Beischrift als *r3-št3w* = „Anfang des Ziehens" bezeichnet — vgl. S. 20. Hier findet der Übergang von der Oberwelt zur Unterwelt statt, hier ist die Nahtstelle zwischen den beiden Ewigkeiten.

Bild 13 In dem nun folgenden Wedjat-(Uzat-)Auge über dem Grab des Ani wird der Himmel unter seinen drei Aspekten dargestellt. Das menschliche Auge mit der Augenbraue entspricht der Himmelsgöttin Nut, die sich von Horizont zu Horizont über die Erde beugte. Der vom linken Augenwinkel senkrecht abwärts gehende Strich ist ein Merkmal des Falkenauges — die Vorstellung vom Himmelsfalken ist ebenfalls uralt. Die in einer Spirale endende Linie, die nach rechts abwärts verläuft, ist kennzeichnend für das Auge des Geparden. Die Vorstellung vom Himmel als Raubkatze dürfte noch älter sein als die des Himmelsfalken.

Es folgt die Himmelskuh, die hier den Namen trägt *mḥt wr't jrt R^c* „Die große Flut, das Auge des Re". Zwischen den Hörnern trägt sie die Sonnenscheibe, um den Hals den breiten Kragen mit dem Menat als Gegengewicht, auf dem Rücken die Königsgeißel. Als „Große Flut" ist sie das Urwasser; als Kuh, die aus dem Wasser aufsteigt, gebiert sie den Sonnengott und erhebt ihn auf ihren Hörnern zum Firmament. So wird sie zur Himmelskuh, die den beiden Ewigkeiten zugehörig ist — vgl. S. 80/81.

Das letzte Bild zeigt den Sarg in Form der oberägyptischen Kapelle, ähnlich dem Schrein des Osiris auf Tafel 4. Aus dem Deckel kommen der Kopf des Ani sowie seine Arme hervor, die das Lebenszeichen ☥ emporhalten. Den Sarg umstehen die Horussöhne, von links nach rechts der affenköpfige Hapi (Milz), der menschenköpfige Imstj (Leber), der schakalköpfige Dua-Mutef (Lunge) und, bereits auf Tafel 9, der falkenköpfige Kebeh-Senuef (Gedärm). Sie waren die Schutzgötter der Eingeweide; auf der Sargwand sind sie wiederum dargestellt. Manchmal allerdings weicht der archäologische Befund von der kanonischen Zuordnung der Eingeweide an die vier Horuskinder ab — vgl. Westendorf in LÄ I 1206. Der Sarg trägt hier den Namen *j3t 3bdw* = „Stätte von Abydos".

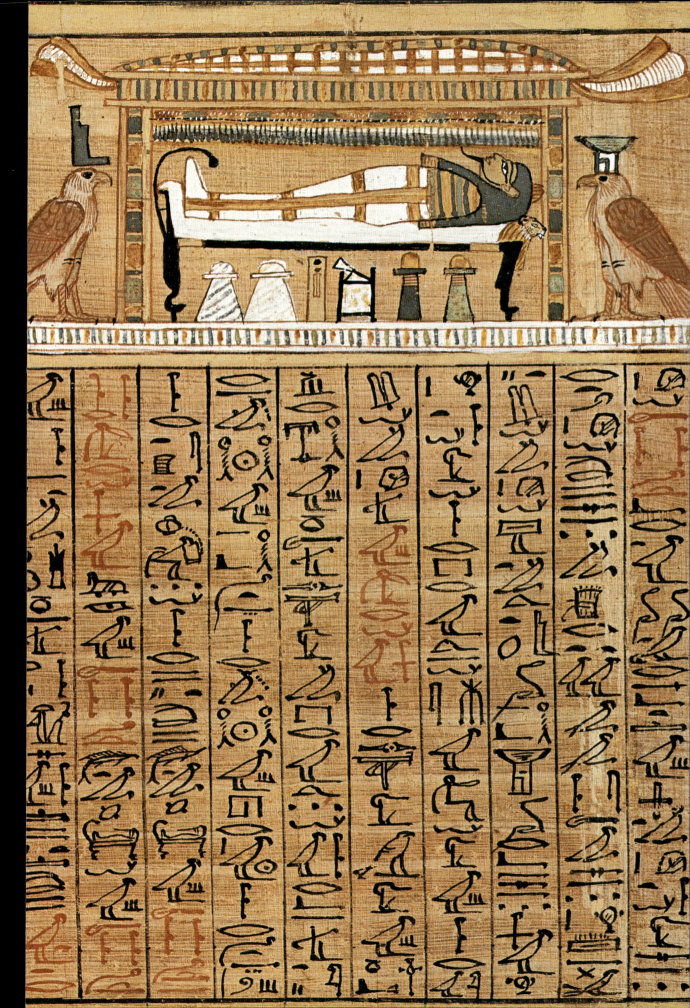

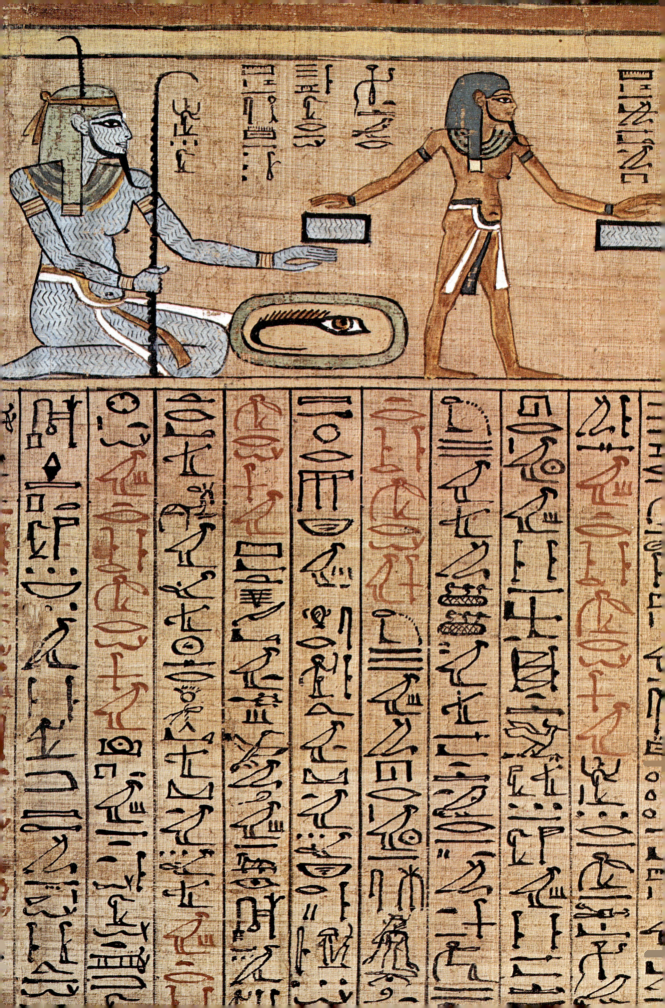

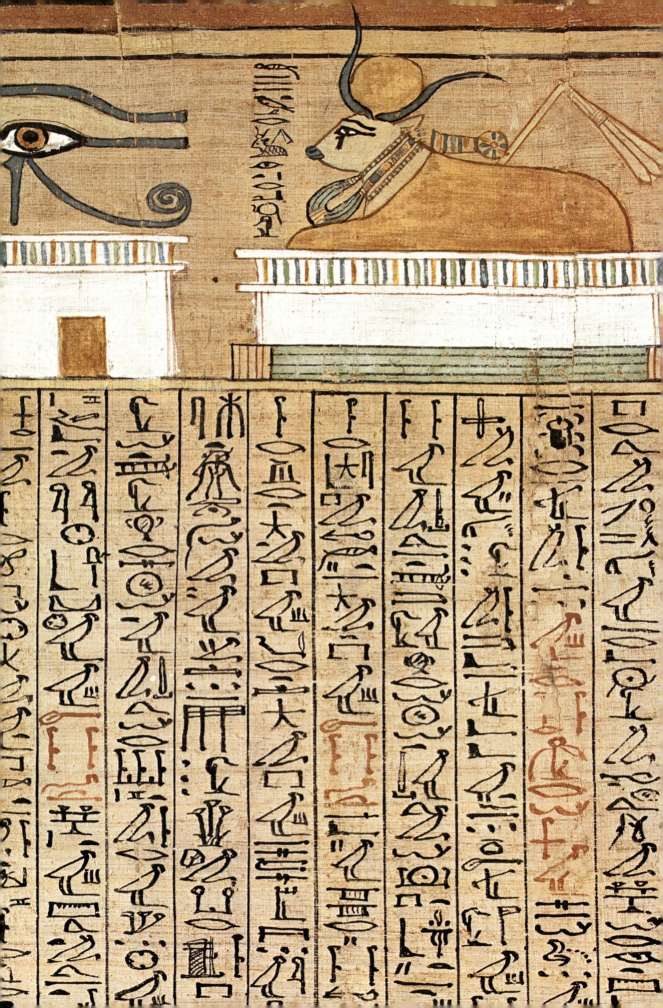

Der Jat ist ein Hügel, der zum Urhügel in Beziehung gesetzt wird. Hierzu Eggebrecht S. 156: „Über einem kastenartigen Schrein, den die vier Horussöhne umstehen, wölbt sich ein Sandhügel, der durch die gepunktete Innenzeichnung als solcher gekennzeichnet ist. Darüber hinaus ist er in farbige Streifen gegliedert, um so den Eindruck des von der aufgehenden Sonne erleuchteten Morgenhimmels, wie er auch in der der Hieroglyphe h^c ⌒ vorliegt, nachzuahmen." Für Eggebrecht handelt es sich bei Ani „um den als Horus wiedererstehenden Osiris, der im Begriff ist, sein Grab zu verlassen." Eggebrecht weist auch darauf hin, daß derselbe Gedanke im Würfelhocker zum Ausdruck kommt, dem seit dem Mittleren Reich so beliebten Statuentyp, der die menschliche Person „in einen langen Mantel gehüllt hockend darstellt, so daß der Körper zu einem Kubus wird, auf dem sich allein der Kopf ausgearbeitet erhebt" – Helck-Otto 417.

TAFEL 9

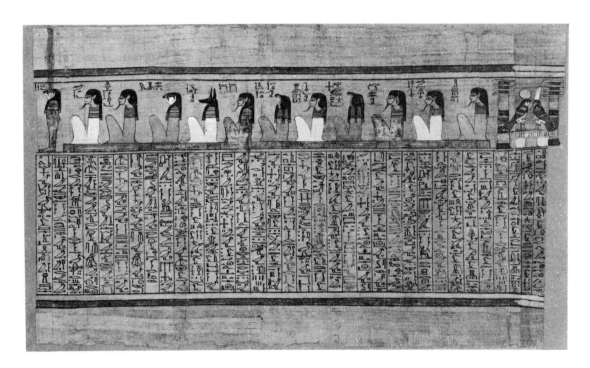

Hinter dem stehenden Horussohn Kebeh-Senuef sitzen elf Götter, die jedoch nicht das Lebenszeichen ☥ in Händen halten, wie man es bei sitzenden Göttern erwarten könnte. Dies deutet an, daß wir es hier mit Göttern zu tun haben, die nicht dem Sonnenbereich der Neheh-Ewigkeit angehören. Die drei ersten unter ihnen werden im Text (Zeile 99–100) zusammen mit den vorausgegangenen vier Horussöhnen als 𓅜𓏤𓀭𓏥 $3h.w$ = „Verklärte" bezeichnet. Ihnen folgt der hundsköpfige Anubis, der Gott der Balsamierung und der Bestattung. Dann folgen sieben weitere Götter, die die „andere Fassung" des dunklen Textes (Zeilen 102–106) erhellen sollen. Es ist unschwer, hier eindeutige Erkenntnisse zu gewinnen. Geht man aber vom Schlußbild aus, dann zeigt es sich, daß im

◁ Bild 13, 14

ewigen Kreislauf der *Cheperu* die Neheh-Ewigkeit wiederum durch den Bereich der Djet-Ewigkeit hindurchgehen muß.

Das Schlußbild zeigt die Stadt 𓊽𓊽 *dd.t* = Busiris im Delta, deren Namen mit den beiden Djed-Pfeilern geschrieben wird. In ihr trifft sich die *b3*-Seele des 𓅽 Re mit der des 𓅽 Osiris, der die weiße oberägyptische Krone 𓋑 trägt. Re kommt also zum Kultort des Osiris, der unterägyptische Osiris aber trägt die oberägyptische Krone — eine feine Ausbalancierung der gegenseitigen Interessenlage. Dies ist eine sehr seltene Darstellung der Vereinigung von Osiris und Re — bei Naville findet sie sich nicht. „In der Vignette (Ani) scheinen die Djed-Pfeiler wie Horizont-Elemente verstanden zu sein, d. h. den Osiris-Re-Zyklus ähnlich zu flankieren, wie sonst die Horizont-Löwen Schu und Tefnet" — Westendorf in GOF IV/3, 199. – vgl. auch S. 59.

TAFEL 10

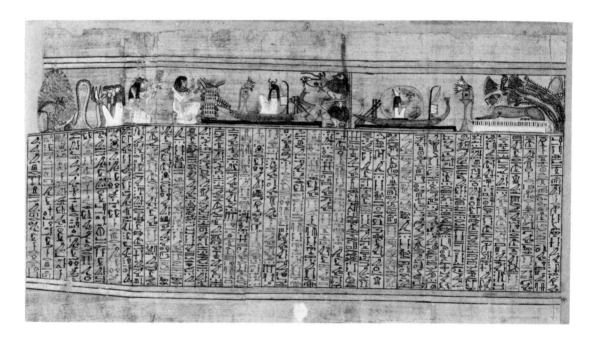

Der große Kater als Erscheinungsform des Sonnengottes, der im Ischedet- oder Persea-Baum der Sonnenstadt Heliopolis wohnt, versucht, der Apophis-Schlange den Kopf abzuschneiden, während drei mit Messern bewaffnete Dämonen dem Vorgang zuschauen. Die Apophis-Schlange ist der ständige Widersacher des Re; stets versucht sie, die Fahrt des Sonnengottes durch die Unterwelt zu unterbinden, immer muß sie abgewehrt werden; endgültig vernichtet werden kann sie nicht, da sie unsterblich ist. Die Neheh-Ewigkeit bedarf der Djet-Ewigkeit zu ihrer ständigen Regenerierung. „In der Rolle des ‚Großen Katers' (= Re) besiegt der Tote die Feinde, die beim Sonnenaufgang (=Spaltung des Ischedet-Baumes in Heliopolis) den Sonnengott und analog den Toten bedrohen. Es liegt die kosmische Variante des Totengerichts ... vor, hier allerdings mit deutlicher Verlagerung der Schwerpunkte zu Gunsten des Neheh-Elementes. Schon die Katzengestalt des Sonnengottes läßt darauf schließen, daß er hier (wie etwa im Falle des Atum) die Erscheinungsform eines ursprünglichen Djet-Elementes (Raubkatze) übernommen hat" – Westendorf in GOF IV/3, 199.

Im folgenden Bild kniet Ani mit seiner Frau Tjutju, die ein Sistrum schwingt, anbetend vor Chepre, dem Gott der Morgensonne. Der Kopf des Gottes besteht aus einem Skarabäus, der Erscheinungsform der morgendlichen Sonne. Am Bug der Barke befindet sich die früher als Ziermatte angesehene Treibtafel, die dem Boot bei Gegenwind wieder Fahrt gibt. Hinter dem Gott steht das sogenannte Hinrichtungsgerät ⸸, ein Stab mit Bündel und Messer als Ausrüstung vorgeschichtlicher Häuptlinge. Vor dem Gott befindet sich ein Opfertisch mit Krug; über diesen neigt sich eine Lotosblume. Der Bug der Barke ist mit einem Wedjat-(Uzat-)Auge verziert; ein solches befindet sich auch über dem zurückschwingenden Achtersteven. Hinter dem Boot sind zwei anbetende Paviane, die für Isis und Nephthys stehen könnten. Die beiden Sterne vor ihnen sind die Hieroglyphe für „anbeten" und „preisen", aber auch für „Morgenfrühe". Es handelt sich hier um die Morgenbarke des Re, die von rechts nach links fährt.

Rechts von ihr fährt die Abendbarke von links nach rechts; das Hinrichtungsgerät befindet sich am Bug. In der Barke sitzt Atum ⸸, der Gott der Abendsonne in der Sonnenscheibe. Vor ihm steht ein Opfertisch mit Krug und Lotosblume. Während in der Morgenbarke das Neheh-Element dominiert, kündigt sich hier im untergehenden Atum wieder das Djet-Element an. Den Abschluß bildet der liegende Löwe, der in Zeile 133 als ⸸ „Rehu" identifiziert ist. Über ihn legen sich Lotosblumen, aus denen eine Uräusschlange aufragt. Die „grüne" Schlange, die Herrin des Feuers, das Auge des Re, windet sich um die Lotosblume, aus der der Sonnengott hervorgekommen ist. Über ihr befindet sich die Hieroglyphe ⸸ für „Feuer" und „Flamme". Jeder Gott fürchtet den schreckenerregenden Löwen, doch Ani, der Gerechtfertigte, ist den Göttern gleich und braucht keine Furcht vor der Einwirkung feindlicher Mächte zu haben.

ZU DEN TAFELN 11 UND 12

Die Tafeln 11 und 12 bilden wiederum eine Einheit. Der gottgleiche Ani beweist hier seine Kenntnis der geheimen Bezirke der Jenseitswelt. Beide Tafeln sind durchgehend in zwei übereinanderliegende Register geteilt. Im oberen Register sind die geheimen „Arits" ⸸ ꜥrjjt (Stätten, Häuser), im unteren die Tore (Pylone) zu den geheimen Jenseitsbezirken. Diese Häuser und Tore muß Ani durchschreiten, um sein Wissen um ihre Geheimnisse und damit seine Rechtfertigung zu beweisen. Hier erfolgt sozusagen die Gegenprobe zum Jenseitsgericht der Tafel 3.

Im Papyrus Ani hat die Jenseitswelt sieben Häuser, Arits, von denen vier auf Tafel 11 und drei auf Tafel 12 im jeweils oberen Register dargestellt werden. Die unteren Register zeigen insgesamt zehn „Tore des Jenseits", davon sechs auf Tafel 11 und vier auf Tafel 12.

TAFEL 11

Bild 14 In beiden Registern nähern sich Ani und seine Gattin anbetend den geheimen Stätten. Im oberen Register sind die Häuser jeweils von drei geistigen Wesen bewacht, einem „Hüter", einem „Aufseher" und einem „Ankündiger". Ani muß die Namen dieser Dämonen kennen, um Durchlaß zu erhalten; die Kenntnis ihrer Namen gibt ihm Macht über sie. Das erste Haus unterscheidet sich von den nachfolgenden insofern, als sein Gesims mit den Zeichen 〔Hieroglyphen〕 für „Herrschaft", „Leben", „Herrschaft", „Dauer", „Herrschaft", „Leben" geschmückt ist. Von den drei Dämonen, die das erste Haus bewachen, trägt der erste einen Hasen-, der zweite einen Schlangen- und der dritte einen Krokodilkopf. Der erste hält in der Hand eine Ähre, die beiden andern je ein Messer. Das zweite Haus wird ebenfalls von drei messertragenden Dämonen bewacht. Der erste hat den Kopf eines

Bild 15 Löwen, der zweite den eines Mannes und der dritte den eines Hundes. Von den Wächtern des dritten Hauses trägt der erste wiederum eine Kornähre, während die beiden andern ein Messer in Händen halten. Der erste hat den Kopf eines Schakals, der zweite den eines Hundes und der dritte den einer Schlange. Von denen des vierten Hauses hat der erste den Kopf eines Mannes, der zweite den eines Falken und der dritte den eines Löwen. Der erste hält eine Kornähre, die beiden andern je ein Messer.

Bild 14 Von den Pylonen oder Toren des unteren Registers ist der Türsturz des ersten mit dem sogenannten Cheker-Fries 〔Hieroglyphen〕 geschmückt. „Cheker" bedeutet „Schmuck". Manche sehen in dem Ornament die Stilisierung des Lattichs, der als Aphrodisiakum angesehen wurde. Bewacht wird der erste Pylon von einem vogelköpfigen Dämon, der ein Schlachtmesser 〔Hieroglyphen〕 vor sich hält (?). Auf dem Kopf trägt er die Sonnenscheibe. Der Wächter des zweiten Tores ist löwenköpfig. Über den Türsturz ringelt sich eine Schlange ⟨hiero⟩. Der dritte Pylon ist von einem menschenköpfigen Dämon bewacht. Auf dem Türsturz rahmen zwei Wedjat-(Uzat-)Augen das Schen-Zeichen für „unendlicher Kreislauf" ein ⟨hiero⟩. Unter dem Schen-Zeichen befinden sich drei Wasserlinien und darunter die Hieroglyphe für „Weite, Breite".

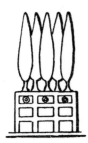

Abb. 33: Lattichpflanzung (aus RÄRG 462).

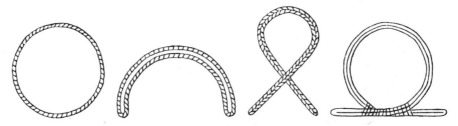

Abb. 34: „Die Entstehung des šn-Ringes aus einer kreisförmigen Schnur ohne Anfang und Ende. Der šn-Ring ist ein Symbol ewiger Wiederkehr, die sich vor allem im Sonnenlauf konkretisiert (vgl. Koh 1,5). Seit der 4. Dyn. werden dem etwas in die Länge gezogenen šn-Ring Name und Vorname des ägyptischen Königs einbeschrieben" — Keel 31.

Hier wird der ganze Kosmos in einem Symbol zusammengefaßt: Der Himmel als Frau, Falke und Raubkatze, der ewige und unendlich weite Urozean. Den vierten Pylon, auf dessen Fries sich neun Uräusschlangen ⟨hiero⟩ mit der Sonnenscheibe auf dem Kopf hochrecken, bewacht ein kuhköpfiger Dämon.

Im fünften Pylon sieht man einen Dämon, der die Gestalt eines Nilpferds hat, und der **Bild 15** sich auf die Hieroglyphe ⟨hiero⟩ für „Schutz" stützt. Den Türsturz schmücken die Zeichen ⟨hiero⟩ für „Feuer, Flamme".

Der sechste Pylon wird von einem Dämon gehütet, bei dem der ausladende Hinterkopf auffällt. In Händen hält er ein Messer und einen Besen (?). Über dem Türsturz ringelt sich eine Schlange, wie beim zweiten Pylon.

TAFEL 12

Im oberen Register stehen die restlichen drei Häuser dieses Papyrus. Das fünfte wird von drei Dämonen bewacht, von denen der erste den Kopf eines Falken, der zweite den eines Mannes und der dritte den einer Schlange hat. Jeder hält ein Messer. Von den Wächtern des sechsten Hauses hält der erste, der mit dem Schakalkopf, eine Kornähre (?). Die beiden andern sind hundeköpfig und halten je ein Messer. Von den Dämonen des siebenten Arit hat der erste den Kopf eines Hasen, der zweite den eines Löwen und der dritte den eines Mannes. Die beiden ersten halten ein Messer, der dritte eine Kornähre (?) oder einen Besen (?).

Das untere Register setzt sich fort mit dem siebenten Pylon, der mit einem Cheker-Fries bekrönt ist, und den ein widderköpfiger Dämon bewacht, der einen Besen (?) hält. In dem achten Tor ist ein Falke dargestellt, der die Doppelkrone trägt und auf einem Totenschrein mit verschlossener Tür sitzt. Vor ihm steht ein Besen (?) und hinter ihm sieht man das Wedjat-(Uzat-)Auge. Über dem Schrein hocken zwei Falken mit Menschenköpfen, hinter jedem steht das Lebenszeichen . Dargestellt in ihnen sind die *B3w*, die „Seelen" des Re und des Osiris. Dem neunten steht eine löwenköpfige Gottheit vor, die auf dem Kopf die Sonnenscheibe trägt und einen Besen hält. Den Türsturz schmückt ein Uräenfries . Wächter des zehnten Pylons ist eine widderköpfige Gottheit mit der Atefkrone des Osiris und mit einem Besen auf den Knien. Über den Türsturz ringeln sich zwei Schlangen .

Der Text zum oberen Register der Tafel 11 ist das Kapitel 147; das Kapitel 146 bildet den Text zum unteren Register der Tafel 11 und zu den beiden Registern der Tafel 12. Die sich anschließenden Vignetten der Tafel 12 bilden eine Einheit mit den folgenden Tafeln 13–14.

Im vorletzten Register der Tafel 12 stehen oben und unten Ani und seine Frau. Ani hält die Hände anbetend erhoben; seine Frau, mit Salbkegel und Lotosblüte auf dem Kopf, hält in der Rechten das Sistrum hoch und trägt in der Linken eine geschlossene Lotosblume. Im letzten Register steht oben und unten je ein Priester im Pantherfell und mit der Jugendlocke, die seitlich am Kopf herunterhängt. Der Priester des oberen Registers ist der 𓉺𓅓𓏏𓆑 *jwn mwt.f* = der „Pfeiler seiner Mutter", der Priester im unteren Register ist der 𓅭𓌸𓆑 *s3 mr.f* = „der von ihm geliebte Sohn". Es handelt sich also um die Söhne des Verstorbenen, denen sein Totenkult obliegt; der Sa-meref wird vor allem im Mundöffnungsritual tätig. Beide führen Ani und seine Gattin zu den Göttern, die in den Tafeln 13–14 aufgeführt werden. Der hieroglyphische Text ist der des Kapitels 18.

TAFEL 13

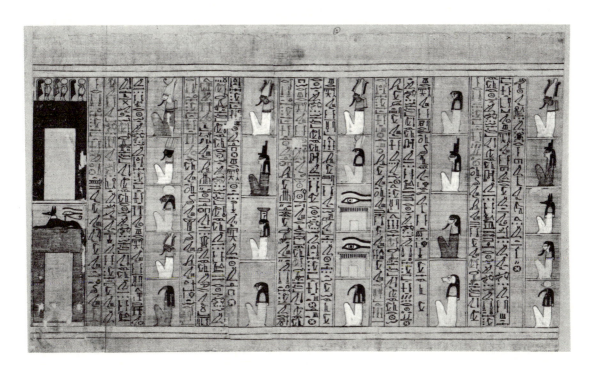

Das obere Register zeigt einen Pylon, der mit den Federn der Ma!at und sonnentragenden Uräusschlangen geschmückt ist. Auf dem Pylon des unteren Registers liegt Anubis 𓃣, neben ihm steht das Wedjat-(Uzat-)Auge 𓂀. Die Götter des folgenden Registers sind von oben nach unten: Atum, Schu, Tefnut, Osiris und Thot. Das dritte Register zeigt von oben nach unten: Osiris, Isis, Nephthys und Horus. Im vierten Register folgen sich von **Bild 16**

oben nach unten: Osiris, Horus, zwei Wedjat-(Uzat-)Augen und Thot. Im fünften Register sitzen übereinander: Horus, Isis, Imsti und Hapi (die beiden letzteren sind die schon erwähnten Horussöhne). Im letzten Register begegnet Ani den Göttern Osiris, Isis, Anubis, Imsti und Thot.

TAFEL 14

Das erste Register zeigt von oben nach unten: Osiris, Isis, Wepwawet (Upuaut), den „Wegeöffner", sowie den Djed-Pfeiler, das Zeichen für „Dauer", das hier mit Osiris gleichgesetzt ist und durch zwei Augen „belebt" wurde. Im zweiten Register begegnet Ani dem Thot mit der Mondscheibe, dem Osiris, dem hundsköpfigen Anubis und dem Isden, der mit Thot identisch ist. Es folgen im dritten Register die drei Götter des Festes des „Aufbrechens der Erde in Djedu (Mendes). Das letzte Register zeigt Re, Osiris, Schu und den hundsköpfigen Babi, den Dämon der Finsternis.

Zu dieser Gruppe gehören noch die im ersten Register der Tafel 15 gezeigten Götter Horus, Osiris, Isisi und ein Horusgott.

* * *

Die Bilderfolge der bis jetzt erläuterten Tafeln bildet ein geschlossenes Ganzes, das von hoher ethischer Auffassung Zeugnis gibt. Nach einer Lobeshymne auf Re und Osiris stellt sich Ani dem Jenseitsgericht, aus dem er gerechtfertigt hervorgeht. Anschließend erst

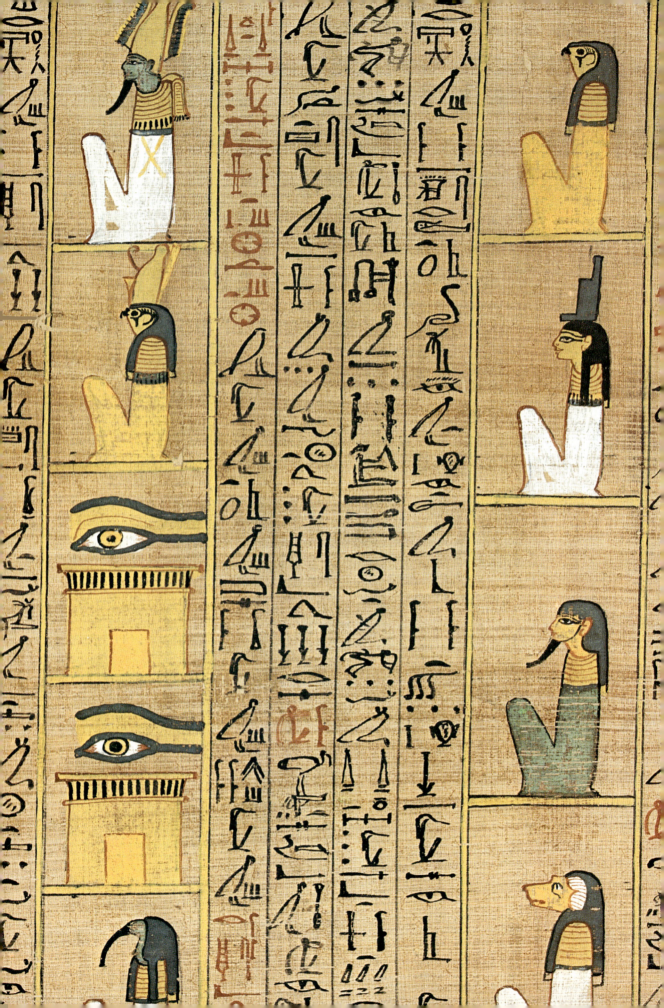

erhält er sein rituelles Begräbnis, dessen Riten den Leichnam wiederbeleben – ein unabdingbares Erfordernis für das Fortleben im Jenseits. Der verklärte Ani wird dann in die Gesetze des Kosmos mit seinen beiden Ewigkeiten eingeweiht. Als Wissender hat er die geheimen Stätten der Unterwelt durchschritten und wurde als ihresgleichen von der Göttergemeinschaft aufgenommen.

Hiermit könnte das Buch abschließen. Was jetzt noch folgt, ist teils Verdeutlichung und Ausgestaltung des bereits Gezeigten, teils Zauber, der in der Ethik des Ani keinen Platz haben dürfte, und der außerdem überflüssig ist. Wozu soll Ani um Luft und Wasser in der Unterwelt bitten, wo ihm doch die Götterspeisung zusteht? Warum soll er sich sorgen, daß ihm sein Herz geraubt werden könnte, wo dieses bereits im Jenseitsgericht für ihn ausgesagt hat? In den kommenden Bildern wird deutlich, daß auch Ani ein Kind seiner Zeit war; diese Zeit war sich zwar der Existenz eines ethischen Jenseitsgerichts bewußt, versuchte es jedoch mit Zauber und Magie zu umgehen. Ab jetzt wird der Papyrus Ani streckenweise zum Zauberbuch. Die Erläuterung der kommenden Tafeln kann sich auf Stichworte beschränken, weil die Bilder teils unmittelbar verständlich sind, teils bereits Gezeigtes nur verdeutlichen und zum andern nur durch die Magie ihrer Darstellung wirken wollen.

TAFEL 15

Nachdem Ani im ersten Register in die ägyptische Götterwelt eingeführt worden ist, sehen wir im zweiten Register eine Statue des Verstorbenen, an der die Zeremonie der Mundöffnung vollzogen wird. Das Ritual wird vom Sem-Priester vollzogen, und es werden die Instrumente gebraucht, die auf S. 56 aufgeführt wurden. Der Text ist den Kapiteln 23–24 entnommen.

Im dritten Register hält Ani sein Herz in der Rechten und wendet sich an den hundsköpfigen Totengott Anubis. Zwischen beiden steht ein großes, aus Halbedelsteinen verschiedener Farben zusammengesetztes Halsband, dessen Verschluß die Form eines Pylons hat, und an dem ein Pektoral hängt, das die Sonnenbarke mit einem Skarabäus als Erscheinungsform der Morgensonne zeigt. Der dazu gehörende Text ist den Kapiteln 26 und 30 B entnommen.

Im vierten Bild drückt Ani seine *Ba*-Seele an die Brust. Der *Ba* hat die Form eines menschenköpfigen Vogels. Der Text stammt aus verschiedenen Kapiteln; Kapitel 26: Spruch, um dem Osiris Ani ein Herz im Jenseits zu geben; Kapitel 30 B: Spruch, um zu verhindern, daß das Herz des Osiris, des Schreibers der Opferdarbringungen an alle Götter, des gerechtfertigten Ani, ihm in der Unterwelt geraubt werde.

Im fünften Bild trägt Ani einen Mast mit Segel als Symbol des Lebensodems. Der dazu gehörende Text stammt aus dem Kapitel 54: Spruch für das Geben der Atemluft im Jenseits. Das letzte Bild zeigt Ani mit seinem Amtsstab. Der Text ist der des Kapitels 29: Spruch, um zu verhindern, daß einem Mann sein Herz in der Unterwelt geraubt werde.

TAFEL 16

Ani steht mit anbetend erhobenen Händen vor vier Göttern, die auf der Hieroglyphe ⌒ „Ma'at = Gerechtigkeit" sitzen, vor ihm sein Herz auf einem Untergestell. Der Text ist aus dem Kapitel 27: Spruch zur Verhinderung der Wegnahme des Herzens eines Mannes im Jenseits.

Im zweiten Bild halten Ani und seine Frau das Segel mit Mast für „Luft" in der Linken und schöpfen mit der Rechten Wasser aus einem von fruchtbeladenen Palmenbäumen umstandenen Teich. Der Text stammt aus dem Kapitel 58: Spruch für das Atmen der Luft und den Anteil am Wasser in der Unterwelt.

Im dritten Bild kniet Ani neben einem Teich, aus dem eine Sykomore herauswächst. In ihr erscheint die Himmelsgöttin Nut und gießt aus einem Krug Wasser in Anis Hände. Der Text (Kap. 59) handelt vom Einatmen der Luft und von der Macht über das Wasser im Jenseits.

Das vierte Bild zeigt Ani mit dem Sechem-Zepter für „Macht" in der Rechten und seinem Amtsstab in der Linken vor dem Opfertisch sitzend. Das zu diesem Bild gehörende Kapitel 44 ist ein Spruch zur Verhinderung eines nochmaligen Todes in der Unterwelt.

Im fünften Bilde wird die Mumie des Ani vom hundsköpfigen Totengott Anubis, dem Balsamierer, umarmt. Der Text (Kap. 45) ist ein Spruch zur Verhinderung des Faulens in der Unterwelt.

Das sechste Bild zeigt ein Tor. Am linken Pfosten steht die *Ba*-Seele des Ani in Gestalt eines menschenköpfigen Vogels, am rechten Pfosten der Benu-Phoenix, der Vogel des Lichts. Der Text (Kap. 46) beschwört die Vernichtung des Ani und bewirkt seine Wiederbelebung im Jenseits.

Im letzten Bild steht Ani mit dem Rücken an einem Holzklotz (Richtblock?), aus dem ein Messer hervorragt. Der Text (Kap. 40) ist ein Spruch, der verhindern soll, daß Ani unter den Schlachtblock kommt.

Bild 17

TAFEL 17

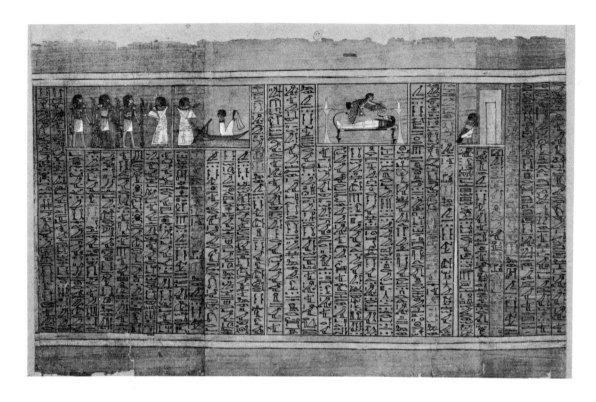

Ani steht anbetend vor drei Göttern, die in der Linken das Uas-Zepter ↑ für „Herrschaft" und in der Rechten das Lebenszeichen ⚲ halten. Der Text (Kap. 93) ist ein Spruch, um zu verhindern, daß Ani in der Unterwelt zum Ostufer übergesetzt werde – vgl. S. 20, 26.

Im zweiten Bilde betet Ani zu einem Geist, der in einer Barke sitzt und dessen Kopf rückwärts gewandt ist. Es handelt sich um den Jenseitsfährmann, den Mond, der bereits in den Pyramidentexten eine Rolle spielt. Der Text (Kap. 93, 93 A) ist ein Spruch, der verhindern soll, daß Ani der Kopf in der Unterwelt abgeschnitten werde.

Im dritten Bilde liegt die Mumie des Ani auf einer Bahre. Über ihm schwebt seine *Ba*-Seele in Gestalt eines menschenköpfigen Vogels, der in den Krallen das Zeichen ⊙ für „unendlicher Kreislauf" hält – vgl. S. 63. Der Text (Kap. 89) ist ein Spruch für die Verbindung der *Ba*-Seele mit dem Leichnam im Jenseits. Das vierte Bild zeigt wiederum den *Ba* des Ani vor einem Pylon. Der Text (Kap. 91) ist ein Spruch, der verhindern soll, daß der *Ba* in der Unterwelt zurückgehalten werde.

TAFEL 18

Das erste Bild zeigt Ani am Eingang seines Grabes, und sein Schatten wird von seinem *Ba* begleitet. Der Text (Kap. 92) ist ein Spruch zum Öffnen des Grabes für den *Ba* und den Schatten, damit er herausgehe am Tage und Macht habe über seine Beine.

Im zweiten Bild kniet Ani mit anbetend erhobenen Händen vor einer Sokar-Barke, die auf einem Schlitten steht . Der memphitische Totengott Sokar, der Herr über Ro-Setau, war auch eine Erscheinungsform der Nachtsonne, ebenso wie Ptah, Osiris und Tatenen – vgl. S. 50. „In der zu Anfang des Mittleren Reiches gebildeten Dreierkombination Ptah–Sokar–Osiris kommt ... dem Ptah die ihm schon in der Zeit des Snofru im ‚Denkmal memphitischer Theologie' verliehene Schöpferrolle, Osiris die des schwindenden und Sokar die des sich aus der Tiefe des Urgrundes regenerierenden und immer neu entstehenden Lebens zu" – Spiegel in GOF IV, 3 (1975) 180–181. Der Text der Tafel 18 (Kap. 74) ist ein Spruch für das Bewegen der Beine und das Hinausgehen auf die Erde.

Im dritten Bild sieht man das Zeichen für „Westen" ; davor steht Ani mit seinem Amtsstab in der Linken. Der Text (Kap. 8 u. 2) ist der Spruch für das Herauskommen am Tage und das Leben nach dem Tode.

Das vierte Bild zeigt Ani, beide Hände anbetend erhoben, vor einem Widder, dessen Kopfschmuck die von zwei Federn eingefaßte Sonnenscheibe ist. Vor dem Widder steht ein Opfertisch mit einem Libationsgefäß und einer Lotosblume. Der Text (Kap. 9) ist ein Spruch für das Hervorkommen am Tage nach dem Durchgang durch die Unterwelt.

Im fünften Bilde steht Ani, seinen Amtsstab in der Linken, vor einer Tür. Der Text (Kap. 132) ist ein Spruch für die Wiederkunft eines Mannes, damit er sein Haus auf Erden erblicke.

Im sechsten Bilde speert Ani die Schlange, die sich dem Sonnengott bei seiner nächtlichen Durchfahrt durch die Unterwelt entgegenstellt. Der Text ist ein anderer Spruch von einem, der am Tage gegen seine Feinde in der Unterwelt hervorkommt.

TAFEL 19

Mit anbetend erhobenen Händen steht Ani vor dem falkenköpfigen Re, der die Sonnenscheibe auf dem Kopf trägt. Er sitzt in seiner Tagesbarke, mit der er den Himmel ⸺ durchzieht. Am Bug der Barke, auf der Treibtafel, sitzt Harpokrates = $Hr\ p3\ \underline{h}rd$ = Horus, das Kind. Der Bootskörper ist mit den Federn der Ma'at ʃʃʃʃ und dem Wedjat-(Uzat-) Auge ☥ geschmückt. Die Ruderstangen enden in Falkenköpfen, die Ruderblätter tragen ebenfalls das ☥☥ Wedjat- oder Heilsauge. Der Text, der am Ende der Tafel 18 beginnt (Kap. 15), ist ein Lobeshymnus auf Re, wenn er aufgeht im Horizont und wenn er **Bild 18** untergeht im (Land des) Leben(s). Im Mittelfeld steht Ani, beide Hände anbetend erhoben. Hinter ihm seine Frau „Osiris, Herrin des Hauses, Sängerin des Amun, Tjutju"; ihre Titulatur ist auf S. 43 wiedergegeben. Der Text (Kap. 15) ist ein Lobeshymnus auf Osiris.

TAFEL 20

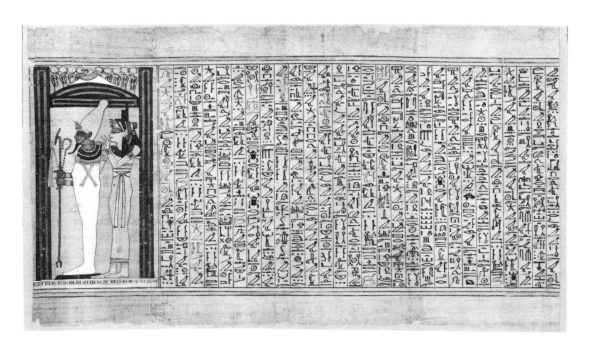

Osiris und Isis in einem Schrein, der die Form der unterägyptischen Kapelle hat – vgl. **Bild 19** Taf. 4, S. 49 ff. Der Text (Kap. 15) ist ein Lobeshymnus auf Re, wenn er aufgeht am östlichen Himmel.

TAFEL 21

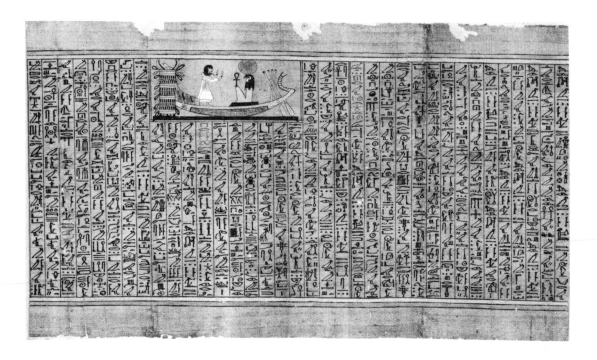

Bild 20 Der falkenköpfige Re mit der Sonnenscheibe auf dem Kopf und dem Lebenszeichen in der Hand hat in der Sonnenbarke Platz genommen, die am Bug die Treibtafel führt. Auch Ani steht vor dem Gott in der Barke, beide Hände anbetend erhoben. Der Text ist die Fortsetzung von Tafel 20.

TAFEL 22

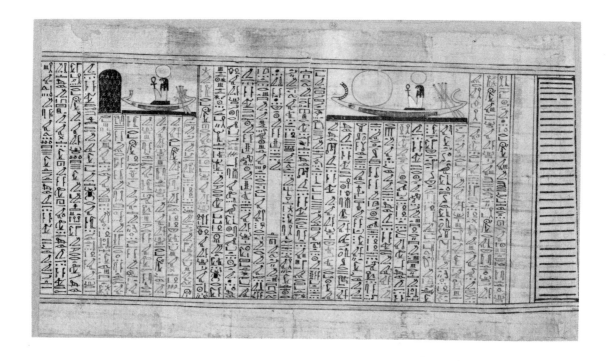

Über den Tageshimmel ⚊ fährt der Sonnengott in seiner Barke zum sternenübersäten Nachthimmel hin. Im zweiten Bilde hat er vor sich in seiner Barke eine riesige Sonnenscheibe. Die Sonnenscheibe war das religiöse Symbol der „ketzerischen" Amarnazeit. Als diese in der 19. Dynastie endgültig überwunden war, hat man Teile ihrer Symbolik übernommen, und so findet man in den Büchern, die die Unterweltsfahrt des Sonnengottes schildern, auffällig viele Darstellungen der Sonnenscheibe. Den Abschluß der Tafel bildet die Leiter, auf der die *Ba*-Seele des Toten das Grab verläßt, um an die Oberwelt zu gelangen.

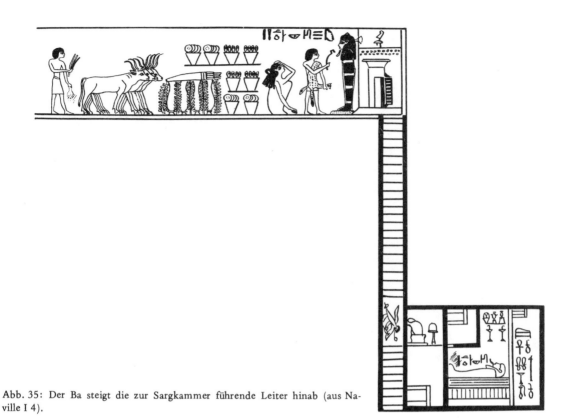

Abb. 35: Der Ba steigt die zur Sargkammer führende Leiter hinab (aus Naville I 4).

TAFEL 23

Die Tafel 23 und der Anfang der Tafel 24 wiederholen das Kapitel 18, das bereits auf den Tafeln 13–14 enthalten ist. Die Anordnung der Gottheiten ist jedoch leicht geändert.

◁ **Bild 20**

TAFEL 24

Im zweiten Teil der Tafel 24 adorieren Ani und seine Frau drei Götter, die auf einem Pylon sitzen. Der Text (Kap. 124) verbürgt dem Ani, daß er die Speisen der Götter essen wird.

TAFEL 25

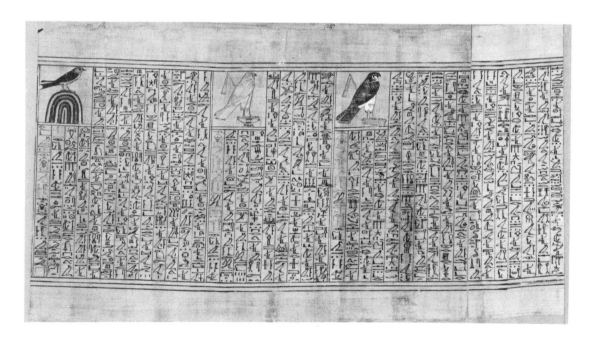

Auf einem rot-grün gestreiften „Hügel" steht eine Schwalbe. Der Text (Kap. 86) sagt aus: „Hier beginnen die Verwandlungskapitel. Der Spruch für die Verwandlung in eine Schwalbe." Von der Tafel 25 bis zur Tafel 27 wird das Zentralmotiv des Totenbuchs dahingehend spezifiziert, daß der verklärte Tote jede Gestalt annehmen kann, in der zu erscheinen er sich wünscht.

Das zweite Bild zeigt einen goldenen Falken mit der Königsgeißel, und der Text (Kap. 77) ist der Spruch für die Verwandlung in einen Falken von Gold. Im dritten Bild ist es ein grüner Falke mit der Königsgeißel, der auf einem Pylon steht; der Text (Kap. 78) ist der Spruch für die Verwandlung in einen göttlichen Falken.

TAFEL 26

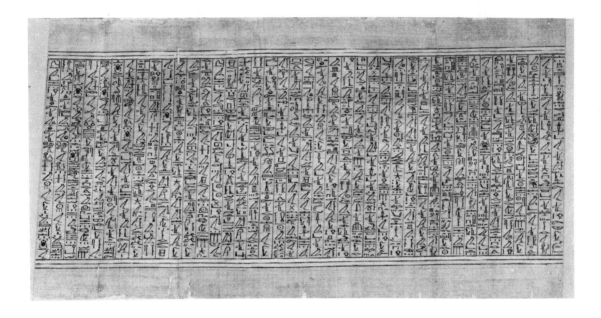

Die Tafel 26 ist die Fortsetzung des Kapitels 78, das erst zu Anfang der Tafel 27 endet.

TAFEL 27

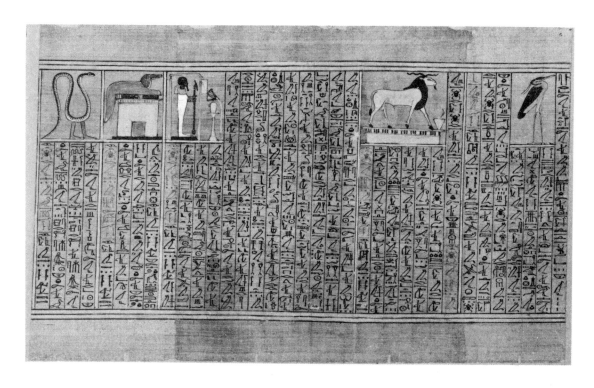

Die Schlange „Erdensohn" auf Menschenbeinen. Der Text (Kap. 87) ist der Spruch für die Verwandlung in die Schlange „Erdensohn". Sodann folgt ein Krokodil auf einem Pylon, und der dazu gehörende Text (Kap. 88) ist der Spruch für die Verwandlung in ein Krokodil. Das Krokodil galt ebenfalls als Symbol der Ewigkeit.

Bild 21 Das folgende Bild zeigt den Gott Ptah in seinem Schrein, vor dem ein Opfertisch aufgestellt ist. Der Text (Kap. 82) ist der Spruch für die Verwandlung in Ptah. Das vierte Bild zeigt einen Widder auf einem Pylonaufsatz; vor ihm steht die Hieroglyphe ᶑ *b3*. Das Wort für „Widder" ist ebenfalls *ba* und der Text (Kap. 85) sagt aus, daß es sich um den Spruch für die Verwandlung in die *Ba*-Seele des Atum handelt. Das letzte Bild stellt einen Phoenix dar und der Text (Kap. 83) sagt, daß hier der Spruch für die Verwandlung in einen Benu-Phoenix steht.

TAFEL 28

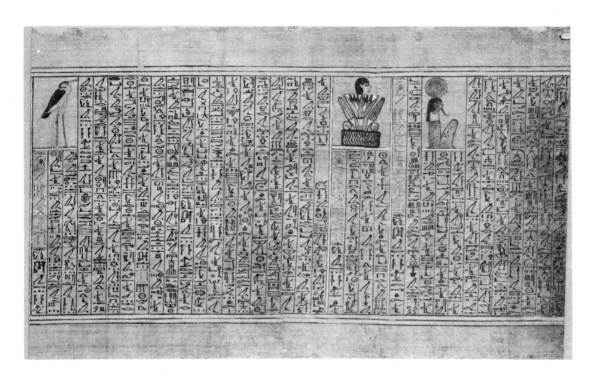

Das erste Bild ist das eines Reihers, und der Text (Kap. 84) ist der Spruch für die Verwandlung in einen Reiher. Im folgenden Bild wächst eine Lotosblüte aus einem Teich, aus ihr kommt ein Menschenkopf hervor. Der Text (Kap. 81 A) ist der Spruch für die Verwandlung in einen Lotos. Hier liegt eine deutliche Anspielung auf die Weltentstehungslehre vor, wonach auf dem Urwasser ein Lotos schwamm, der sich öffnete und dem die erste Sonne entstieg. Das letzte Bild zeigt einen Gott mit einer Sonnenscheibe auf dem Kopf; der Text (Kap. 80) ist der Spruch für die Verwandlung in den Gott, der in der Finsternis Licht gibt.

◁ Bild 23, 24

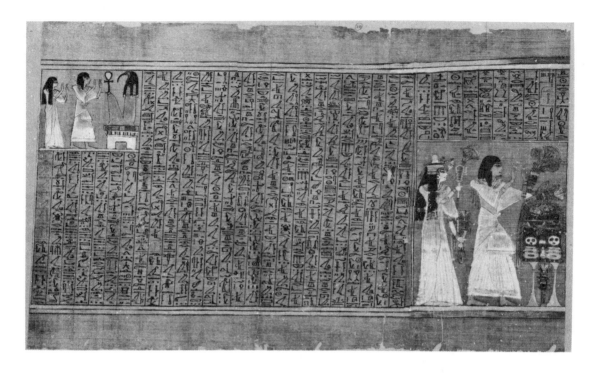

Bild 22 Ani und seine Frau stehen mit adorierend erhobenen Händen vor Thot, dem Gott der Weisheit. Dieser sitzt auf einem pylonförmigen Thron und hält auf den Knien das Lebenszeichen. Im zweiten Bild stehen Ani und seine Frau vor zwei Tischen mit Opfergaben.

Der Text (Kap. 175) ist der Spruch zur Verhinderung eines nochmaligen Sterbens in der Unterwelt. Die Textkolumnen sind von links nach rechts zu lesen. In den Zeilen 10–13 wird das bemerkenswerte Gespräch zwischen Osiris (hier: Osiris Ani) und Atum, dem Welterschaffer, wiedergegeben:

- „O Atum, was ist dies (Land) zu dem ich gelangt bin? Es ist ohne Wasser, ohne Luft, sehr tief, sehr dunkel und endlos weit."
- „Du lebst in ihm im Herzensfrieden."
- „Es gibt aber dort kein geschlechtliches Vergnügen."
- „Ich habe (dir) gegeben Verklärung an Stelle von Wasser, Luft und Geschlechtslust und Herzensfrieden an Stelle von Brot und Bier."

Das ist etwas unerhört Neues in der ägyptischen Geistesgeschichte. Zum ersten Mal werden biologische Triebregungen vergeistigt, wird von einer jenseitigen Sublimierung diesseitiger Bedürfnisse gesprochen, während vordem und ansonsten dem Ägypter laufend versichert wurde, daß er sich im Jenseits aller Annehmlichkeiten des Diesseits erfreuen werde. Dieser einmalige Gedanke findet sich nirgendwo in der Jenseitsliteratur – nur im Papyrus Ani und in einem Leidener Papyrus. Ebenso einmalig wie die Verheißung des Herzensfriedens im Jenseits ist die Voraussage des Weltenendes durch Atum in den Zeilen 17–19:

„Ich werde zerstören all das, was ich geschaffen habe. Dieses Land wird wieder zu Wasser werden, wie beim Anbeginn. Ich aber werde übrig bleiben mit Osiris, nachdem ich mich verwandelt haben werde in Schlangen, die die Menschen nicht kennen und die Götter nicht sehen."

Die Weltschlange des Urbeginns wird wieder die Schlange des Weltenendes sein. Die Jahrmillionen–„Ewigkeit", während der die Sonne schien, ist nur eine Episode in der Zeitlosigkeit der Finsternis – vgl. S. 57.

TAFEL 30

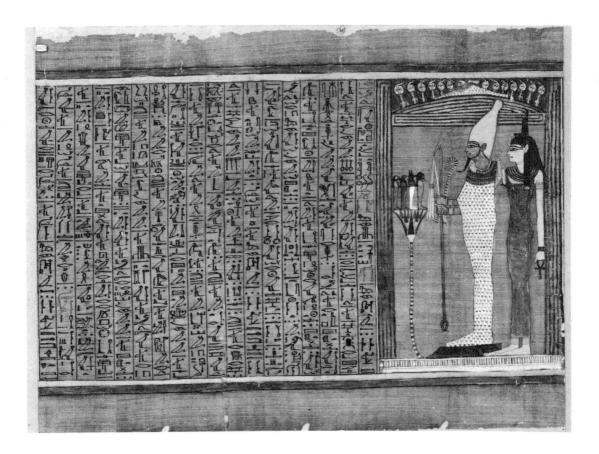

Der Text (Kap. 125) ist der Spruch für das Eintreten in die Halle der beiden Gerechtig- **Bild 23** keiten, eine Lobeshymne auf Osiris, den Herrn der Unterwelt. Dieser steht mit Isis in dem Schrein, der bereits in der Tafel 4 gezeigt wurde – vgl. S. 49 ff. Er trägt die oberägyptische weiße Krone. Seine Mumienbinden sind wiederum von dem Schuppenmuster überzogen, von dem bereits auf S. 53 f. die Rede war. Um den Hals trägt er den breiten Kragen, am Rücken hängt das Menat als Gegengewicht herab, in den Händen hält er die Attribute seiner Macht, den Krummstab, das Uas-Zepter und die Königsgeißel. Isis hält in der Linken das Lebenszeichen und legt Osiris die Rechte auf die Schulter. Vor Osiris stehen, auf einer Lotosstaude, die vier Horussöhne, die bereits auf S. 51 erwähnt wurden.

TAFEL 31 und 32

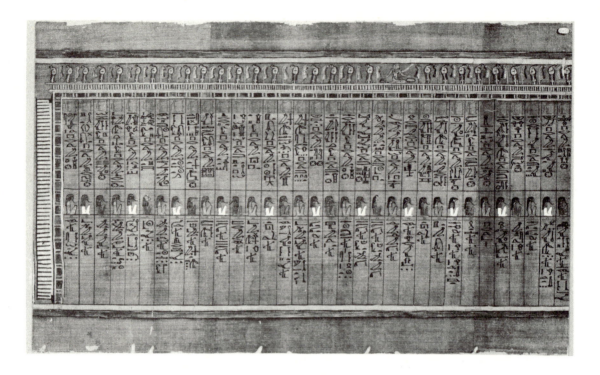

Über die ganze Tafel 31 erstreckt sich die Halle der beiden Gerechtigkeiten, die sich auf der Tafel 32 fortsetzt. Links von der Halle sieht man auf der Tafel 31 eine Tür, eine weitere schließt die Halle auf Tafel 32 ab. Die Tür der Tafel 31 trägt den Namen *nb pḥ.tj tsw mnmn.t* = „Herr der Stärke, der die Herde zusammenhält", diejenige der Tafel 32 wird bezeichnet als *nb mꜣꜥt ḥrj-tp rdwj.fj* = „Herr der Maʼat auf seinen beiden Beinen". Oben ist die Halle durch einen Fries abgeschlossen, der aus Uräus-Schlangen und Maʼat-Federn gebildet ist; in der Mitte kniet die Gottheit, die bereits auf S. 60 erwähnt wurde. Hier hält die Gottheit die Linke über ein Auge (Wedjat-Auge?) und die Rechte über ein Oval mit Wasserlinien, das augenscheinlich einen Teich darstellt, der den auf S. 59 erwähnten „Reinigungsteichen" entsprechen könnte. „Die gleiche Figur, flankiert von dem Federn-Uräen-Fries, scheint außerhalb des Totengerichts nur noch im Grab der Nofretari vorzukommen" — Seeber 65; vgl. auch Dondelinger: „Der Jenseitsweg der Nofretari", Akademische Druck- u. Verlagsanstalt, Graz 1973, Tafel gegenüber S. 105. Während im Papyrus Ani auf Tafel 8 die Augen von den Seen getrennt sind, werden sie hier in einen Zusammenhang gestellt. In andern Totenbüchern hält der „Gott der Jahrmillionen" seine Hände über zwei Ovale mit Wedjat-

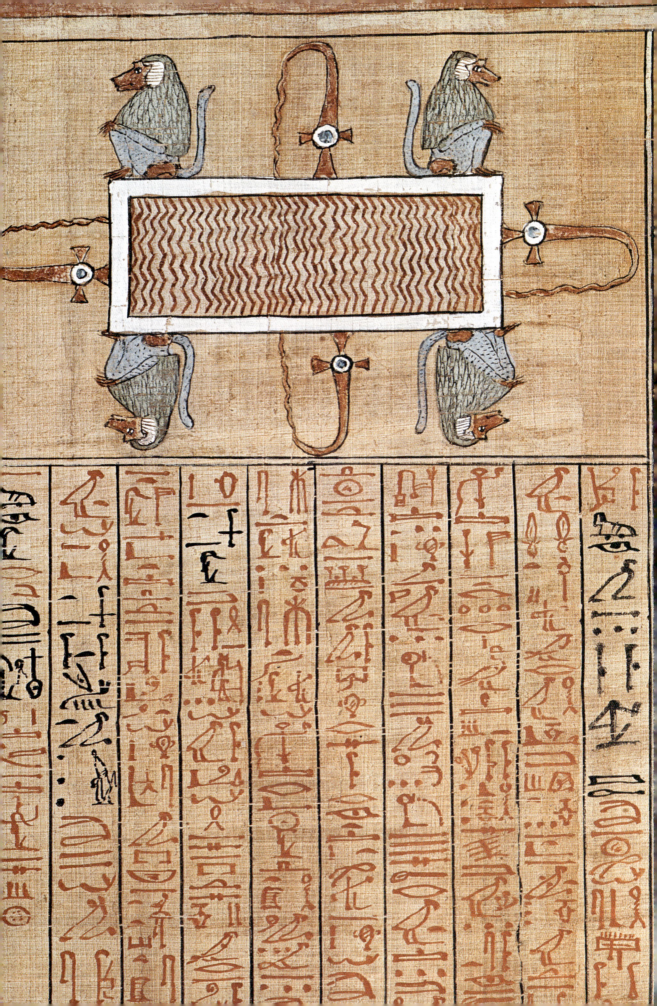

Augen. „Die beiden Ovale mit den Augen scheinen demnach den in Tb 17 genannten Reinigungsseen zu entsprechen und bilden damit zugleich auch die Auf- und Untergangspunkte für die Sonne und den sich ihrem Lauf anschließenden Toten. Die Ablösung des einen Auges durch die Wasserfläche bei pBM 10470 (= Papyrus Ani) dürfte diese Gleichsetzung unterstützen" – Seeber 66. Die mittlere Horizontalzeile wird von den 42 Totenrichtern eingenommen, die von Ani einzeln angesprochen werden müssen und deren Namen er nennen muß.

Vor den 42 Richtern muß er das sogenannte negative Sündenbekenntnis ablegen, muß jedem Gott eine bestimmte Sünde nennen, die er nicht begangen hat. Bei diesem Sündenregister handelt es sich teils um die Versicherung, daß er nicht gegen die Götter gefrevelt und sich nicht am Tempelgut vergangen hat, teils um die Beteuerung, daß er auch seinen Mitmenschen gegenüber ohne Fehl war. Er hat weder gelogen noch gestohlen, hat keinem Schaden zugefügt, keine Unzucht getrieben, keinen Ehebruch begangen, er hat keinen Mitmenschen hintergangen und hat sich nicht vom Zorn übermannen lassen, es sei denn, es habe sich um eine gerechte Sache gehandelt.

TAFEL 32

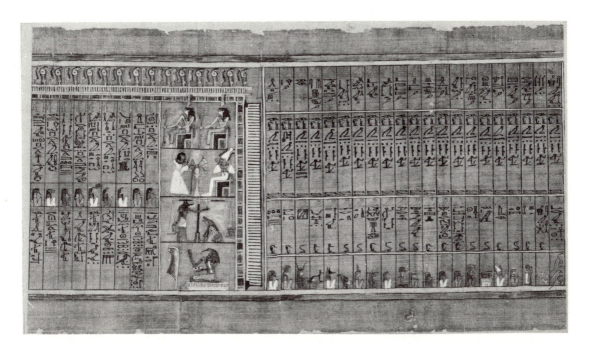

Bild 24 Am rechten Ende der Halle, vor der Tür, werden in vier kleinen Vignetten von oben nach unten dargestellt:

1. Zwei sitzende Ma'at-Göttinnen mit den Federn der „Wahrheit" und „Gerechtigkeit" auf dem Kopf, dem Uas-Zepter in der Linken und dem Lebenszeichen in der Rechten.

◁ Bild 26

2. Osiris mit der Atefkrone auf dem Kopf, dem Krummstab und der Königsgeißel in Händen. Vor ihm steht ein Opfertisch und vor diesem Ani mit anbetend erhobenen Händen.
3. Eine Waage, in der das Herz des Ani, das Gewissen darstellend, gegen die Feder der Ma'at gewogen wird. Neben der Wage lauert die bereits auf S. 47 erwähnte „Fresserin".
4. Der ibisköpfige Thot auf der Hohlkehle eines Pylons, mit der Schreibbinse eine große Feder der Ma'at zeichnend.

Bemerkenswert am Papyrus Ani ist, daß der Wägevorgang zweimal gezeigt wird, einmal hier und einmal auf Tafel 3 und dort im Zusammenhang mit dem Kapitel 30 B – vgl. S. 47–48.

Inhaltlich gehört das Herzkapitel 30 B zur Versicherung der Sündenlosigkeit des Kapitels 125. Der Systematik des Papyrus Ani hätte es also entsprochen, das Kapitel 125 an den Anfang zu stellen. Daß dies nicht geschah, erklärt sich vielleicht aus der Tatsache, daß der Papyrus nicht „aus einem Guß" ist. Möglich ist auch, daß der bereits längst gerechtfertigte Ani die Herzenswägung der Tafel 3 hier nochmals bestätigen wollte, weil anschließend seine Gliedmaßen mit den Göttern gleichgesetzt werden. Hier fungiert Osiris als Gerichtsherr, während es auf der Tafel 3 die Neunheit des Re gewesen war. Möglich ist daher auch, daß Ani absolut sicher gehen und sich beiden Gerichtsherren stellen wollte.

In den 21 Zeilen, die der Halle folgen, sitzen unten 21 Götter, mit denen je ein Körperteil des Ani identifiziert wird:

1. das Haar mit Nun, dem Urozean,
2. das Gesicht mit dem falkenköpfigen Sonnengot Re,
3. die Augen mit Hathor, der Himmelsgöttin mit der vom Kuhgehörn umschlossenen Sonnenscheibe,
4. die Ohren mit dem schakalgestaltigen Wepwawet (Upuaut), dem „Wegeöffner",
5. die Lippen mit dem hundsköpfigen Anubis, dem „Balsamierer",
6. die Zähne mit der skorpiongestaltigen Selket, die das Schen-Zeichen hält – vgl. S. 63,
7. der Hals mit Isis,
8. die Arme mit dem Widder von Mendes, der die Uräusschlange zwischen den Hörnern trägt.
9. die Schultern mit der schlangenköpfigen Wadjet, der „Grünen" Kobra,
10. die Kehle mit der Meret, die auf dem Zeichen für „Gold" steht,
11. die Vorderarme mit Neith, der kriegerischen Göttin von Sais im Delta,
12. das Rückgrat mit Setesch,
13. die Brust mit dem Herrn der Kampfstätte Cher-a'a (vielleicht Sepa oder auf Seth bezogen),
14. das Fleisch mit dem „Mächtigen an Ehrfurcht",
15. die Nieren mit der löwenköpfigen Sachmet,
16. das Gesäß mit dem Wedjat-(Uzat-)Auge des Horus,
17. der Phallus mit Osiris,
18. die Beine mit der Himmelsgöttin Nut,

19. die Füße mit dem Schöpfergott Ptah von Memphis,
20. die Finger mit dem Sah = Orion
21. die Beinknochen mit den drei „lebenden" Uräusschlangen.

TAFEL 33

Die erste Vignette zeigt den „Flammensee", gekennzeichnet durch vier brennende Bild 25 Fackeln und an den vier Ecken von Pavianen bewacht. In den Sargtexten und im Zweiwegebuch ist er der trennende Streifen zwischen den beiden Wegen; im Totenbuch wird er rechteckig dargestellt. „Kennzeichnend ist die Ambivalenz des Feuerbezirks: sein Feuer hält Unberufene fern oder wirkt als Strafe gegen die Verdammten, während er sich Osiris und den seligen Toten als erfrischende Kühlung offenbart, ihnen kühles Wasser und Korn spendet" – Hornung in LÄ II 259. Es folgen dann vier Amulette, die dem Toten magischen Schutz gewähren sollen:

Der *Djed-Pfeiler,* ein alter Fetisch, der früh mit Osiris gleichgesetzt wurde und später als das Rückgrat des Osiris galt. Er sollte dem Toten die Auferstehung gewährleisten. Das „Aufrichten des Djed-Pfeilers", das bei bestimmten Festen stattfand, bedeutete den Sieg des Osiris über seine Widersacher.

Das *Isisblut*, eine Abwandlung der Hieroglyphe ⚱ für „Leben"; in der Spätzeit wurde das „Isisblut" zum Gürtelknoten der Isis.

Das *Herz,* das bei den Ägyptern als Sitz des Verstandes und des Gewissens galt, weswegen es in der Herzenswägung gegen die Feder der Maʼat gewogen wurde.

Die *Kopfstütze,* die unter den Kopf des Verstorbenen gesetzt wird, um Unheil abzuwehren und vor allem, um sicherzustellen, daß der Kopf nicht verloren gehe, damit der *Ba* stets in der Lage sei, den Toten zu identifizieren.

Die folgenden Bilder zeigen die Sargkammer des Ani, die sich in der Tafel 34 fortsetzt. Entsprechend der ägyptischen Darstellungsweise sind alle Flächen in einer Ebene ausgebreitet. Die Wände sind um 90 Grad zurückgeklappt, so daß sie mit dem Fußboden in einer Ebene gesehen werden.

Bild 26 Im ersten Bilde oben links steht der *Ba* des Ani, der die Gestalt eines Vogels mit einem Menschenkopf hat. Er wendet sich nach links zur aufgehenden Sonne. Darunter liegt eine Fackel in Gestalt der Hieroglyphe für „Feuer, Flamme". Darunter steht der „Uschebti", der Ani die knechtliche Arbeit im Jenseits abnehmen soll.

Das letzte Register zeigt von oben nach unten den Horussohn Hapi (vgl. S. 60), unter ihm die kniende Isis und unter dieser den Horussohn Kebeh-senuef.

TAFEL 34

Oben links ein Djed-Amulett, darunter, unter einem Baldachin, die Mumie des Ani auf einer Raubkatzenbahre. Neben ihr steht der hundsköpfige Totengott Anubis, der „Balsamierer", und breitet wiederbelebend seine Hände über die Mumie aus. Im unteren Rechteck liegt Anubis auf einem Pylon. Auf dem Rücken trägt er die Königsgeißel, den Hals umschließt ein Kragen und vor ihm steht das Sechem-Zepter für „Macht", an dem zwei Menats herabhängen.

Im zweiten Register von oben nach unten der Horussohn Imsti, dann die kniende Nephthys und endlich der Horussohn Dua-Mutef. Bemerkenswerterweise tragen hier die vier Horussöhne Menschenköpfe.

Im folgenden Register steht der sich rechts der untergehenden Sonne zuwendende *Ba*-Vogel des Ani auf dessen Grab, das die Form eines Pylons hat, darunter eine weitere Fackel und ganz unten, in Mumiengestalt, die „treffliche *Ba*-Seele" des Ani „im heiligen Ei des Abdju-Fisches" – vgl. S. 53.

Das Zentralmotiv der Komposition ist also Ani auf der Bahre, den Anubis wiederbelebt, der von Isis und Nephthys auf der einen Seite und von den vier Horussöhnen auf der anderen Seite umgeben ist. Zwei Fackeln erleuchten die Sargkammer, in der man zweimal die aufgerichtete, also zum Leben wiedererwachende Mumie sieht, sowie zweimal seinen *Ba,* der sich mit dem wiederauferstandenen Ani vereinen wird. Den Abschluß der Tafel bilden Ani und seine Frau, die eine Lotosstaude trägt, vor einem Opfertisch mit Lotosblumen und -stauden. Sie sind bereit, in die Gefilde der Seligen einzutreten.

TAFEL 35

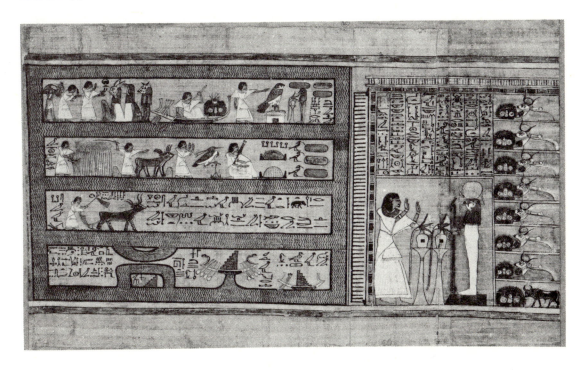

Die Gefilde der Seligen, die Felder des „Frieden" bzw. der „Opfergaben", stellen sich dar als ein von einem Wasserlauf umgrenztes Gebiet, das durch drei weitere Wasserläufe in vier Felder eingeteilt wird. Die Landstriche stellen folgende Szenen dar, von oben nach unten und von links nach rechts:

Erstes (Oberes) Register: Thot, der Gott der Weisheit und Götterschreiber mit Schreibrohr und -palette, führt Ani ein, der sich ehrfurchtsvoll verneigt. Sodann opfert Ani drei Göttern mit den Köpfen eines Hasen, einer Schlange und eines Stiers. Die Göttergemeinschaft wird bezeichnet als *pśḏḏ.t* = Götterneunheit. Mit der Zahl 3 beginnt für den Ägypter der Plural. Die Neunheit (3 x 3) ist die Multiplikation der Mehrheit mit der Mehrheit, also die größtmögliche Vielzahl. Oft wird die Götterneunheit, das große Pantheon, durch mehr als neun Götter dargestellt, oft durch weniger; hier sind es deren drei, die stellvertretend für alle auftreten.

Bild 27 Anschließend rudert Ani in einer Barke, in der sich ein gedeckter Tisch befindet. Die mit Schilfblättern ausgelegte Tischplatte ist, der ägyptischen Darstellungsweise entsprechend, in die Bildebene geklappt, so daß man das Gedeck in der Aufsicht sehen kann. Es besteht aus Broten und Früchten. Das von den runden Broten eingefaßte weiße Spitzbrot steht auf einer grünen Matte und bildet mit ihr die Hieroglyphe *ḥtp,* die man sowohl mit „Frieden" als auch mit „Opfer" übersetzen kann. Anschließend wendet sich Ani einem Falken zu, der auf einem Pylon (Grab?) sitzt und sich seinerseits einem in Rot gehaltenen Gott zuwendet. Vor diesem befindet sich ein Ständer mit einem Wasserkrug, an dem eine Lotosblume aufsteigt und sich dem Gotte zuneigt. Über dem Gott ist ein grünes Oval zu sehen, dem zwei weitere folgen: ein rotes und ein grünes. Die in zwei senkrechten Kolumnen von rechts nach links laufende Beischrift besagt *wn m ḥtp sḫt nfw r fnḏ* = „Im Speisengefilde sein und Luft an der Nase haben."

Zweites Register: Ani schneidet Korn; hinter ihm die Beischrift *3sḫ Wsjr* =
Bild 27 „Es erntet Osiris." Anschließend läßt er drei Ochsen das gemähte Korn austreten. Die rot punktierten Haufen hinter Ani und vor den Ochsen zeigen den Querschnitt der Mulde, die die Ochsen beim Ährentreten gebildet haben. Nach dieser Tätigkeit wendet er sich zu einem Reiher, der auf einer Stange hockt. Dieser ist der Phoenix, der Lichtvogel, der sich bei der Weltschöpfung als erster auf die erste Erhöhung niedergelassen hat. Andere Darstellungen zeigen ihn, wie er auf dem Pyramidion hockt. Der spitze Stein (das Pyramidion) partizipiert nach ägyptischer Auffassung am Lichtaspekt des Phoenix; hier also soll an die Geburt des Lichts erinnert werden.

Abb. 36: Der Phoenix auf dem Pyramidion (nach Tb, Barguet 144).

In der weiteren Folge sitzt Ani, das große Sechem-Zepter in der Hand, vor zwei im Schnitt wiedergegebenen Gefäßen mit roter Gerste und gelbem Weizen. Die Beischrift ⌐⌐⌐ 𓅓𓅓𓅓 *k3w 3ḫw* könnte bedeuten: „Die Nahrung der Verklärten." Das zweite Register wird von drei Ovalen abgeschlossen, von denen das obere und das untere grün sind, das mittlere rot ist. Die Bedeutung dieser Ovale ist vorläufig noch unklar.

Drittes Register: Ani führt die Pflugschar mit der Linken und schwingt mit der Rechten die Geißel. Die Beischrift hinter ihm lautet 𓋴𓎡𓄿𓅱 *śk3w* = „pflügen". Der Bezirk, in dem er pflügt, trägt den Namen 𓈅𓎡𓄿𓇋𓇋𓏲𓊖 *śḫt j3rw* = „Feld der Binsen"; die Schreibweise ist eine späte. Die folgenden Zeilen lauten in wörtlicher Übersetzung: „Spruch vom Nilpferd. Der Fluß in seiner Länge. Nicht kann gesagt werden seine Breite. Nicht gibt es Fische in ihm, nicht irgendwelche Schlangen in ihm." Obwohl dem Ani bereits auf Tafel 33 ein Uschebti zur Verfügung stand, der ihm die Dienstleistungen im Jenseits abnehmen sollte, läßt er es sich nicht nehmen, im Staatsgewand selbst zu ackern und zu ernten, wie manche Vornehme es auch auf ihren Grabwänden darstellen ließen.

Viertes Register: Die am Anfang stehenden und in waagerechten Zeilen von rechts nach links zu lesenden Hieroglyphen besagen: „Der Ort der Verklärten. Seine Länge ist 7 Ellen (eine Elle = 0,52 m). Der Weizen ist 3 Ellen (hoch). Die trefflichen Verklärten, sie ernten." Der Flußlauf spaltet sich oben und unten in Seitenarme, die sich wieder mit ihm vereinigen und zwei einander gegenüberliegende Inseln bilden. Der untere Seitenarm heißt 𓇋𓍲𓈗 *jsh.t* = „Flut". Sodann scheint er sich zu verbreitern, damit eine Barke gezeigt werden kann, deren beide Enden in Schlangen auslaufen. Die Beischrift am rechten Ende der Barke lautet 𓇋𓂧𓃀𓅱 *jdbw dśr* = „Heiliges Ufer", diejenige am linken Ende 𓊹𓏶𓃹𓈖𓄤 *ntr jmj Wnn-nfr* = „Der Gott hierin ist Onnofris (= Osiris)." Die Barke führt acht Ruder und trägt eine Treppe, die sich sowohl innerhalb der ersten Insel als auch in der nachfolgenden Barke wiederfindet. Diese Treppe dürfte ein Thron sein, der oft mit der Treppe determiniert wird. Die Überschrift über der zweiten Barke lautet 𓆓𓆑𓄿𓅱𓏒𓏥 *df3w* = „Nahrung", womit wohl eine Götterspeise gemeint sein soll.

Bild 27

Die Treppe und die Barke mit den Schlangenköpfen scheinen Anspielungen auf die Weltschöpfung zu sein – vgl. S. 50–51.

Abb. 37: Der König auf dem Stufenthron (aus Schäfer 113).

Abb. 38: „Der Tote läßt sich auf dem Urhügel abbilden, um durch die Lebenskräfte, die diesem innewohnen, sein Leben regenerieren zu lassen." (aus Keel 100).

Bild 27 Die drei siebenstufigen Treppen sind nicht nur der Thron, sondern auch der Urhügel, die erste Erderhöhung, die aus dem Urwasser aufragte. Reptilien aber waren die ersten Lebewesen. Der Urgott war in einer Schlange verkörpert, in die er sich am Weltende wieder zurückverwandeln wird. Vor der Schöpfung gab es nicht die mit ihr und durch sie erst entstandene Gesetzmäßigkeit. Der Zustand der Welt vor der Schöpfung war auch durch seine Richtungslosigkeit gekennzeichnet. Dies kommt hier im Bilde dadurch zum Ausdruck, daß die Barke in beiden Richtungen fährt, wie es die Ruder zeigen. Der Thron aber, das Symbol der Schöpfung, weist rückwärts, auf den Ursprung zurück.

Bild 28 *Das folgende senkrechte Register* zeigt einen Schrein, dessen Tür ▌ geöffnet ist. Ani ist eingetreten und steht adorierend vor einer falkenköpfigen Gottheit in weißer Mumiengestalt und mit der schlangenumwundenen Sonnenscheibe auf dem Kopf. Der darüber stehende hieroglyphische Text ist ein Lobgesang auf Re, der als Herr der Ewigkeit und Schöpfer der Unendlichkeit angesprochen wird. Nun sind diese Beinamen auch solche des Osiris, auf den auch die mumienförmige Gestalt hinweist, die dem Sonnengott nicht eigen ist. Es handelt sich offenbar um einen synkretistischen Versuch, die gegensätzlichen Götter der Oberwelt und der Unterwelt, des Lichts und der Dunkelheit zu verschmelzen. Solche Versuche sind im Neuen Reich immer wieder gemacht worden; das bekannteste Beispiel ist wohl die Mischgestalt des Re-Osiris im Grab der Königin Nofretari. Hier sagt es auch die Beischrift: „Osiris ruht in Re" und „Re ist es, der in Osiris ruht" – vgl. Abb. 39, S. 80.

Der letzte Teil der Tafel zeigt sieben Kühe, die in sieben Registern übereinander lagern; unter ihnen steht ein einzelner Stier. Die Kühe tragen zwischen den Hörnern die Sonnenscheibe und um den Hals den großen Kragen, der in einem Menat endet. Vor den Kühen und dem Stier sind Opferbrote angeordnet, wobei wiederum die grüne Flechtmatte mit dem auf ihr stehenden weißen Spitzbrot die Hieroglyphe ⎯△⎯ *ḥtp* = „Friede" bzw. „Opfergabe" bildet. Bemerkenswert sind die Augen der Kühe. Sie haben alle das 𓂀 Wedjat-(Uzat)-Auge, das sich zusammensetzt aus einem Menschenauge, dem Auge eines Falken und dem einer Raubkatze. Hier wird der Himmel in den verschiedenen Ausprägungen angesprochen, die er in Ägypten erfahren hat. Daß der Himmel bereits in frühester Zeit als Falke gedacht wurde, dessen Augen Sonne und Mond sind, ist allgemein bekannt. Bekannt ist auch, daß ihn sich die Ägypter als Kuh vorstellten, unter derem Bauch die Sonnenbarke tagsüber entlang fährt, um abends in das Maul der Kuh einzugehen – vgl. S. 9.

„Älter noch als die Himmelskuh und wahrscheinlich als deren Vorläufer anzusprechen ist die Himmels-Raubkatze, d. h. statt der Kuh dient eine Raubkatze (wahrscheinlich Pantherkatze) als Vorbild der mythologischen Himmelskonstruktion. Besser noch als auf die Kuh passen eine Reihe der geschichtlich noch erhaltenen Einzelzüge der Himmelskuh auf die Pantherkatze: 1. Das Verschlingen des Sonnengottes am Abend paßt eher zu einer blutrünstigen Raubkatze als zu einer Kuh. 2. Die Tupfen des Leopardenfelles entsprechen dem Sternenhimmel. 3. Die Augen der Raubkatze sind die Morgen- und Abend- bzw. Tages- und Nachtsonne (das Unterteil der *wḏ3.t*-Augen weist auf eine Herkunft von der Pantherkatze hin)" – Westendorf in MÄS, 10 (1966) 12.

Der hieroglyphische Text – eine sehr abgekürzte Fassung des Kapitels 148 – beschränkt sich auf die Versicherung des Ani, daß er „dem Herrn der sieben Kühe und des ihnen zugehörigen Stieres Speiseopfer dargebracht" habe. Der Text brauchte nicht das zu wiederholen, was im Bilde bereits ausgedrückt war und was der wissende Ägypter sofort verstand. Das Bild aber enthält eine Fülle versteckter Anspielungen auf die damals gültigen Himmelsvorstellungen. In diesen Zusammenhang müssen auch noch die auf der Tafel 36 gezeigten Ruder der vier Himmelsgegenden einbezogen werden. Es werden die heiligen Zahlen 1, 4, 7 angesprochen: die Eins des Ursprungs, die Vier der Weltweite und die Sieben, die im Zauber bedeutsam ist. Sieben Hathoren waren es, die in Kuhgestalt an die Wiege des Neugeborenen traten, um sein Schicksal zu bestimmen. Diese heiligen Zahlen regieren den Kosmos; was aber im Bilde zutage trat, brauchte im Text nicht gesagt zu werden.

◁ **Bild 28**

TAFEL 36

Bild 29 Der auf Tafel 35 abgebildete Schrein setzt sich fort und wird rechts von einer Tür abgeschlossen. Links sieht man die Ruder der vier Himmelsgegenden, von oben nach unten das Ruder des nördlichen, des westlichen, des östlichen und des südlichen Himmels. Dann folgen, wieder in vier übereinanderstehenden Registern vier Göttertriaden, zu denen Osiris spricht, wiederum von oben nach unten:

„Heil euch, ihr Götter, die ihr über der Erde seid, die ihr geleitet durch die Unterwelt!"
„Heil euch, ihr Muttergöttinnen, die ihr über der Erde seid, die ihr in der Unterwelt im Hause des Osiris seid!"
„Heil Euch, ihr Götter, die ihr geleitet zum heiligen Lande, die ihr über der Erde seid, die ihr zur Unterwelt geleitet!"
„Heil euch, ihr Gefolgsleute des Re, die ihr im Gefolge des Osiris seid."

Bild 30 Anschließend steht Ani vor einem Opfertisch, beide Hände in Anbetung erhoben. Hinter ihm seine Frau, die in der Linken eine Lotosblume sowie ein Sistrum hält und die Rechte adorierend erhebt. Auf dem Kopf trägt sie einen Salbkegel, in das Haar hat sie eine Lotosblume gesteckt. Der Lotos ist in einer bestimmten Vorstellung die Seerose, die, auf dem Urozean schwimmend, sich bei der Weltwerdung öffnete und aus der die Sonne hervorkam. Sie ist als „Lotos an der Nase" des Re ein Garant des Lebens und für den

Toten die Verheißung seiner Auferstehung. Vor dem Opfertisch steht ein mannshoher Strauß aus drei Lotosblumen.

Der Text, der in etwa dem Kapitel 185 entspricht, ist ein Lobpreis auf „Osiris, den ersten der Westlichen, den vollkommen Seienden in Abydos", den „Herrn, der die Ewigkeit durchwandert, der in Ewigkeit währt", den „Herrn der Herren", den „König der Könige".

TAFEL 37

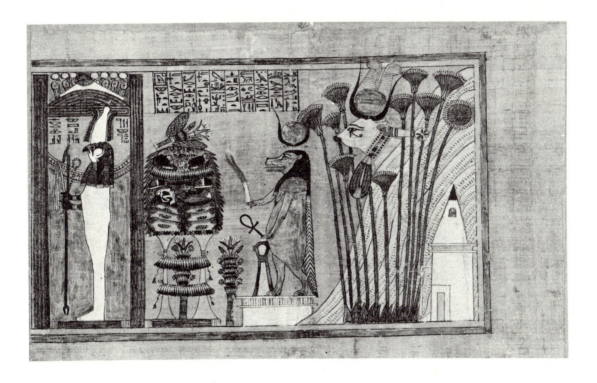

Auf dem bereits auf S. 49 beschriebenen Schrein liegt Sokar. Im Schreine steht, durch die Beischrift ausgewiesen, die Mischgestalt des

Bild 31

Skrj-Wsjr   nb   štjj.t   nṯr ꜥ3   nb   ḥr.t-nṯr

Sokar-Osiris, Herr (des) Geheimnisses, großer Gott, Herr der Nekropole.

Der Falkenkopf ist der des memphitischen Totengottes Sokar (S. 50), die mumienförmige Gestalt ist die des Osiris. Zu den Attributen des Osiris gehört auch die weiße Atefkrone mit den grünen Federn sowie Krummstab, Uas-Zepter und Königsgeißel. Dann folgen zwei

Abb. 39: Die Mischgestalt des Re-Osiris im Grab der Nofretari (aus Dondelinger, Jenseitsweg, Graz 1973, Taf. 19.

Bild 32 blumengeschmückte Opfertische sowie ein Blumenstrauß. Davor steht die Göttin Hathor in der Gestalt eines Nilpferdes. Als Kopfschmuck trägt sie das die Sonnenscheibe umschließende Kuhgehörn, in der Rechten hält sie eine Fackel. Die Linke hält das Lebenszeichen und stützt sich auf die Hieroglyphe für „Schutz". Hinter ihr ist die Himmelskuh Mehet-Weret (Methyer), die „Große Flut", das Urwasser, eine andere Erscheinungsform der Hathor — vgl. S. 60. Sie tritt hervor aus dem von Papyrus bestandenen Westgebirge

und trägt am Hals ein Menat. Am Fuße des Berges steht das von einer kleinen Pyramide bekrönte Grab des Ani. Der Text ist der des Kapitels 186: Hathor, die Herrin des Westens, die im Großen (Lande) ist, die Herrin des heiligen Landes, das Auge des Re auf seiner Stirn, mit schönem Gesicht im Boot der Jahrmillionen. Sie ist der Sitz des Friedens für das Tun des Rechten inmitten der Begnadeten ... zu machen groß die Barke der Sonne, um überzusetzen die Ma'at.

Mit diesem großartigen Bild endet das Totenbuch des wirklichen Schreibers Ani. Die Methyer, die Urflut, aus der alles Sein entstanden ist, die die Sonne gebar und sie zum Himmel hob, tritt jetzt als die Große Mutter aus dem „schönen Westen" hervor, um Ani schützend aufzunehmen, damit er fortan als Gott beiden Ewigkeiten angehöre.

ABKÜRZUNGS-UND LITERATURVERZEICHNIS

ÄA — Ägyptologische Abhandlungen, Wiesbaden
APAW — Abhandlungen der Preußischen Akademie der Wissenschaften, Berlin
Atlas — Bilderatlas zur Religionsgeschichte — Die ägyptische Religion von Hans Bonnet, Leipzig–Erlangen 1924
Beckerath — Jürgen von Beckerath: Abriss der Geschichte des alten Ägypten, Darmstadt 1971 (alle Datierungen dieses Buches sind von Beckerath)
BiOr — Bibliotheca Orientalis, Leiden
Brunner Lit. — Hellmut Brunner: Grundzüge einer Geschichte der altägyptischen Literatur, Darmstadt 1966
Budge: Fetish — E. A. Wallis Budge: From Fetish to God in Ancient Egypt, London 1934
CT — Adriaan de Buck, The Egyptian Coffin Texts, 7 Bde., Chicago 1935–61
Eggebrecht — Arne Eggebrecht: Zur Bedeutung des Würfelhockers in Festgabe Walter Will, Köln–Berlin 1966
Erman — Adolf Erman: Die Literatur der Aegypter, Leipzig 1923
Faulkner CT — Raymond O Faulkner: The Ancient Egyptian Coffin Texts, Vol. I, Spells 1–354, Warminster 1973
Faulkner Pyr. — Raymond O Faulkner: The Ancient Egyptian Pyramid Texts and Suppl. of hieroglyphic Texts, Oxford 1939
GM — Göttinger Miszellen, Göttingen
GOF — Göttinger Orientforschungen, Wiesbaden
Grapow — Hermann Grapow: Das 17. Kapitel des ägyptischen Totenbuches und seine religionsgeschichtliche Bedeutung, Inaugural-Dissertation, Berlin 1912
Grieshammer — Reinhard Grieshammer: Das Jenseitsgericht in den Sargtexten — ÄA 20, 1970
Helck-Otto — W. Helck–E. Otto: Kleines Wörterbuch der Ägyptologie, Wiesbaden ^{2}1970
Hornung, Amduat — Erik Hornung: Das Amduat oder die Schrift des verborgenen Raumes, 3 Bde., ÄA 7, 1.2.13; 1963–67
Hornung EuV — Erik Hornung: Der Eine und die Vielen, Darmstadt 1973
ICE — International Congress of Egyptology, Resumées der Referate, München 1976
Jensen — Hans Jensen: Die Schrift in Vergangenheit und Gegenwart, Berlin ^{2}1958
Jéquier: — Gustave Jéquier: Les frises d'objets des sarcophages du Moyen Empire, Kairo 1921
Keel — Othmar Keel: Die Welt der altorientalischen Bildsymbolik und das Alte Testament, Zürich–Einsiedeln–Köln–Neukirchen 1972
Kees — Hermann Kees: Totenglauben und Jenseitsvorstellungen der Alten Ägypter, Berlin ^{2}1965
Kêmi — Kêmi: Revue de Philologie et d'Archéologie Egyptiennes et Coptes, Paris
Köhler — Ursula Köhler: Das Imiut, 2 Bde., Wiesbaden 1975, GOF IV 4
Lanzone — Rodolfo Vittorio Lanzone: Dizionario di Mitologia Egizia, 4 Bde. I–III Turin 1881–86; IV Amsterdam 1975
LÄ — Lexikon der Ägyptologie, Wiesbaden
LÄS — Leipziger Ägyptologische Studien, Glückstadt–Hamburg–New York
Lexa — François Lexa: La Magie dans l'Egypte Antique, 3 Bde., Paris 1925.
MÄS — Münchner Ägyptologische Studien, München–Berlin
Maspero — Gaston Maspero: Histoire Ancienne de Peuples de l'Orient Classique 3 Bde., Paris 1895–99, Neudr. Akademische Druck- u. Verlagsanstalt, Graz 1968
Misc. Wilb. — Miscellanea Wilbouriana, New York
Morenz — Siegfried Morenz: Ägyptische Religion, Stuttgart 1960
Neumann — Erich Neumann: Die Große Mutter, Olten ^{2}1974

Philae — Hermann Junker † und Erich Winter: Das Geburtshaus des Tempels der Isis in Philä, Wien 1956
Pyr — Kurt Sethe: Die altägyptischen Pyramidentexte, 4 Bde., Leipzig 1908—22
Pyr. Übers. — Kurt Sethe: Übersetzung und Kommentar zu den altägyptischen Pyramidentexten, 6 Bde., Glückstadt 1935—52
RÄRG — Hans Bonnet: Reallexikon der ägyptischen Religionsgeschichte, Berlin 1953
RdE — Revue d'Egyptologie, Kairo, ab Bd. 7: Paris
Roeder — Günther Roeder: Urkunden zur Religion des alten Ägypten, Jena 1915
Roeder, Zaub. — Günther Roeder: Zauberei und Jenseitsglaube im alten Ägypten, Zürich—Stuttgart 1961
Schäfer, Kunst — Heinrich Schäfer: Von Ägyptischer Kunst, hrsg. von Emma Brunner-Traut, Wiesbaden ^{4}1963
Seeber — Christine Seeber: Untersuchungen zur Darstellung des Totengerichts im Alten Ägypten, MÄS 35 (1976)
Sethe, Amun — Kurt Sethe: Amun und die acht Urgötter von Hermopolis, APAW 4, 1929
Sethe, Dramatische Texte — Kurt Sethe: Dramatische Texte in alten Myterienspielen, Nachdr. d. Ausg. 1928, UGAÄ 10, Hildesheim 1964
SPAW — Sitzungsberichte der Preußischen Akademie der Wissenschaften, Phil.-hist.Kl., Berlin
Tb (Allen) — Thomas George Allen: The Egyptian Book of the Dead, Chicago 1960
Tb (Barguet) — Le livre des Morts des Anciens Egyptiens, Introd; trad., comm. de Paul Barguet, Paris 1967
Tb (Budge) — Ernest Alfred T. Wallis Budge: The Book of the Dead, The Chapters of Coming Forth by Day, 2 Bde., London 1898
Tb (Lepsius) — Karl Richard Lepsius: Das Todtenbuch der Ägypter nach dem hieroglyphischen Papyrus in Turin, Leipzig 1842
Tb (Naville) — Edouard Naville: Das Ägyptische Totenbuch der XVIII. bis XX. Dynastie, 3 Bde., Berlin 1886, Neudruck, Akademische Druck- u. Verlagsanstalt, Graz 1971
UGAÄ — Untersuchungen zur Geschichte und Altertumskunde Ägyptens, Leipzig—Berlin; Nachdr. Hildesheim 1964
Wb — Wörterbuch der ägyptischen Sprache, hrsg. von Adolf Erman und Hermann Grapow, 6 Bde., Berlin u. Leizig ^{2}1957
Westendorf — Wolfhart Westendorf: Altägyptische Darstellungen des Sonnenlaufes auf der abschüssigen Himmelsbahn — MÄS 10, 1966
ZÄS — Zeitschrift für Ägyptische Sprache und Altertumskunde, Leipzig—Berlin